朝日新書
Asahi Shinsho 853

昭和・東京・食べある記

森　まゆみ

朝日新聞出版

はじめに

私は昭和29年、西暦で言うと1954年、東京都文京区駒込動坂町に生まれた。戦後9年目のことで、まだあちこちに空襲で焼けた空き地があった。罹災者の住むバラックも残っていたし、寺の前にはアコーディオンを弾く白い服の傷病兵がいた。それでも時代はすでに高度成長に近づいていた。両親は2人とも空襲で焼け出されたが、歯科医となり焼け残った長屋の片っぽを借りて開業していた。

そのころは盛り場に外食に行くという余裕はなく、忙しい中で店屋物《てんやもの》といわれる寿司、蕎麦、うどん、カレーライスなどを近所の店から取る方が多かった。あるいは父の友人が家に遊びに来るとき、母は手料理でもてなし、お酒を出した。客があると、かに缶とか、アスパラ缶を開けて、サラダを作ったりするのが楽しかった。父は家庭大事で子煩悩な人だったから、同業の歯科医師会の会合などで行った店がおいしいと、あとで私たちも連れて行ってくれるのだった。

昭和・東京・食べある記　目次

3. 本郷　91

4．神田・神保町

1. 上野

上野公園の花見　1977（昭和52）年　©朝日新聞社

記憶に残る最初の盛り場は都電20番線でいく上野である。休みの日、上野動物園でモノレールやお猿電車に乗り、不忍池《しのばずのいけ》でボートをこぎ、松坂屋のデパートで買い物をして、上野で何か食べるというのは、うちのお定まりの休日の過ごし方だった。

テレビもまだ普及しない頃、デパート松坂屋は宣伝のアドバルーンというのを空に高々と上げていた。屋上に子供向けの遊園地もあり、包装紙はバラの花模様だった。そのころ行った上野の店をご紹介しよう。

「みつばち」　湯島天神下の甘味屋さん。

「みはし」　甘味屋で今もご盛業。これは広小路の所に昔は三つの橋が架かり、真ん中は将軍専用の橋で、ここで佐倉惣五郎《さくらそうごろう》が直訴したという伝説がある。その前にある店。

「蓮玉庵《れんぎょくあん》」　文久元（1861）年創業のそば屋。俳諧の宗匠、久保田八十八が道楽半分に始めて、屋号のいわれは不忍池の蓮の花に玉のように露がころがるようすから。夏の朝は父に連れられて不忍池の蓮の花の咲くのを見に行った。

「精養軒」　創業明治5（1872）年、築地で創業、明治9年に上野の公園内に越した。池を見下ろすテラスでカレーライス。高校時代、上野の文化会館のコンサートが始まる前にも、中に入っている精養軒でカレーやハヤシライスをかっこんだ。

帰りには「酒悦」で福神漬を買うとか、講談の本牧亭や寄席の鈴本に寄ることもあった。とんかつの発祥地といわれるくらいにとんかつ屋が多かったが、経営が変わったり、廃業した店も多い。今残っている古い店は「井泉《いせん》」「蓬萊」「ぽん多」くらいだろうか。とにかく、上野は緑濃いお山がアイストップになって、すがすがしい盛り場だと思う。

そこから御徒町よりにはアメ横があって、これは戦後の闇市が発祥だというが、子供連れにには迷子になるとして親はめったに近づかなかった。たまに正月用のカズノコなど買いに行ってバナナの叩き売りを見た。アノラックやリュックを買いに出かけたのは大学生になってからである。

黒船亭　◎洋食
女性が喜ぶ「ご飯のおかずや」目指し

台東区上野2丁目13－13 キクヤビル4F

タクシーで上野駅に急ぐ途中、広小路に出る角に「黒船亭《くろふねてい》」のビルが見える。いつも、ああまた行きたいなあ、と思うのだが、旅の帰りには家路を急いで寄らずにしまう。ここは歴史の長いお店だし、とてもおいしい。

会長の3代目須賀光一さんにお話を聞いた。

「うちは明治35（1902）年に上野の山下で『鳥鍋』という店を始めたのです。創業者は私の祖父にあたる須賀惣吉といい、栃木から出てきていろんな商売をしました。その鳥鍋があったのはもっと山よりですが、風雅な店でした。庭の池に滝が流れていて、お客様は風呂に浸かって、湯上がりに浴衣を着て、鳥鍋を召し上がった。そんなくつろげる店だったらしい。朝早くから大釜で飯を炊き、それが売り切れ次第、閉店。松茸入りの親子丼も出していたというから」

初代、惣吉さんのご実家は農家ですか。

「農家ではないと思いますが、以前の仕事は分からないんです。もう実家もないし、墓も引き上げたし。その妻がキンといって、赤ん坊を背負って帳場を仕切るようなよく働く女将で、身代をなした。惣吉は小学校も2、3年しか行かず、自分の名前もかけなかった。それで、子供が11人いたんですが、男の子にはみんな家庭教師をつけて数人、東大に入れたんじゃないかな。近くにいい学校があるからって」

お父様の須賀利雄さんには、上野桜木のお家でお話を聞いたことがあります。東京大学の美学を出ていらして、美術に詳しい方でした。

黒船亭の須賀光一会長

「父が2代目で、大正6（1917）年に今の場所で『カフェ菊屋』を始め、輸入酒とオードブル、ハヤシライスなどを出す、その当時としてはモダンな店を作りました」

震災には遭いましたか？

「ええ、鳥鍋の方は焼けたって。でもすぐに郷里の栃木から腕利きの大工を呼びよせ、店を再開した。

昭和12（1937）年には、池之端に本格中華の雨月荘というのを始めました。惣吉と利雄は2人ではるばる中国まで出かけ、調理人を探して家族ごと引っ張ってきた。総檜の3階建てで、天井や襖には京都の龍《たつ》村《むら》の織物を使った。正倉院御物の模様です。緞通《だんつう》と呼ぶ絨毯は中国から取り寄せ、一方、オーチスのエレベーターがあったというんですから。鳳凰《ほうおう》の間という大広間があり、東京では3本の指に入る『支那料理』の名店でした。当時はそう称していたようです。皇族とか、政界財界の方も見えましたが、昭和19（1944）年には三島由紀夫さんの出版記念パーティをやっています」

それで、空襲にもお遭いになっていますね。

「はい、鳥鍋も震災で立て直して20年ちょっとしか持たなかった。昔の人は偉いですね。どんな大変なことがあっても、不死鳥のように蘇る。コロナなんかに負けちゃいられません。

雨月荘の方は懇意にしていた小泉さんにお譲りして、それが今『東天紅《とうてんこう》』になっています。鳥鍋のところは、父が戦後、『ニッサン・ソーダファウンテン』をやったんですね。それが映画の封切館『上野パーク劇場』になった」

まあ。いろいろなさるんですね。かつてあった「世界」、天ぷらの「山下」というのも須賀さんのご一族の伝説の店ですね。日本料理の「世界」ではクジャクを飼っていたと聞いています。

「それは父の弟たちがやった店ですが、今では続いていません。昔は一族会みたいなのがあって、父が食事会も催していましたが、店は血縁関係だけでも困る。他人が入ってきた方が活性化もするんです。父はここでは昭和25年に戦後の平屋で『アダムスキクヤ』という紳士物の洋品店をやり、昭和44年に婦人用衣料店と『レストランキクヤ』を始めた」

銀座でいえば和光のような高級店だったそうですね。利雄夫人も初代のキンさんみたいに店を手伝ったのですか。

「うちの母は中野のお嬢さんですから。レストランキクヤにはオノヨーコとジョン・レノンが見えていますよ。その時の写真は店にありますよ。今の店のメニューはこの頃のものがメインです。ほぼ半世紀続いたものでしょう。うちには長いこといる料理長たちが代々、当時のメニューとレシピを踏襲しています」

時代の風を読み、次の一手を考える

光一さん自身は家を継ぐことに迷いはなかったですか。

「僕は小さい頃は絵を習って、大好きでした。土方《ひじかた》修先生って、とってもいい先生についてました。展覧会に出して一等でね、絵描きになりたいと思ってた頃に、上野でゴッホ展があって、打ちのめされました。あのイトスギとかね、もう段違い平行棒、これはいくら努力してもダメだと。大学を出て大手のゼネコンに勤めるのですが、それが一つの成功モデルだった頃ですから、給料もボーナスも右肩上がりで、辞める時はなんでお前辞めるんだ、と言われた。でも大きな開発のプロジェクトなんかを任された経験は、飲食にも活かせます。経営は面白いですね。大事なのは人が好きということ。そして稼いでいるのは社員、責任を取るのは経営者、ということです」

ご自分の代になって、どんな店にしようと思われましたか。

「キクヤを黒船亭にした時ですね。そのころは、日本でもクイーンアリスみたいに、オーナーシェフがヌーベル・キュイジーヌなんてことを言い出した頃ですが、私はここは下町なんだから、本物を使って、しかも『ご飯のおかずや』をやろうと思った。女性がうまいものを食べに行こうという店にしたいと。いつも時代の風を読み、次の一手を考えてないと、生き残ってはいけません。今は、料理教室、コンサートと組み合わせた会食もしています。またコロナ下で、冷凍食品で日本中の家庭でうちの味を楽しめるようにしたい。そのためには冷凍技術を極めないと。冷凍した方がかえっておいしいものを開発してきました」

須賀さんは父利雄さんを継いで、上野のれん会の会長を長年務めてきた。

「僕は名誉職には興味ないんですよ。なかなかのれん会の後をやってくれる人がいなくて。父が『うえの』というタウン誌を創刊して60年になります。それこそ戦後、上野駅周辺には戦争被害者である浮浪児と呼ばれる子供たちがいたり、闇市があったり、その後、上野の森にどんなに博物館、美術館が復興しても、ツタンカーメン展、モナリザ展が行われ、パンダが来ても、上野は怖い町、というのが払拭できなかった。美術を学んだ父は、山と町を繋ぐにはタウン誌しかない、山があっての町である、ということを基本に『うえの』というタウン誌を出しまして、今も続いています。

父はワンマンでしたからね、広告は入れない。加盟店の皆さんにも、これで客が来るなんて思うな、なんて号令してね。まあ美意識がすごかったですから、それでみんながついていった。おかげさまでのれん会は88店舗。私がお願いして、上野の森美術館、西洋美術館、科学博物館、東京国立博物館などにも会員になっていただいて、官民一緒にコラボの企画もやっています」

須賀さんは事務所から一緒に4階のレストランに降りて行き、メニューの相談に乗って

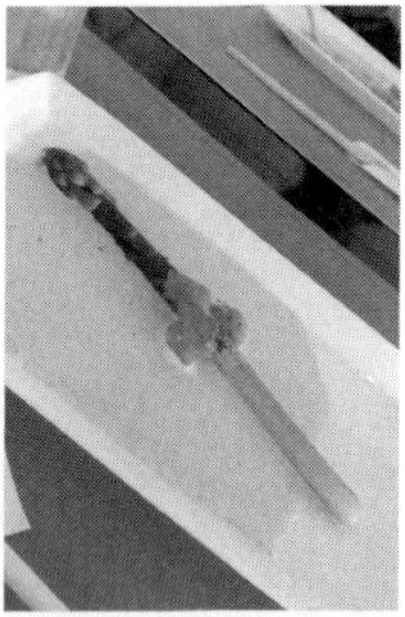

アスパラガスのオランディーズソースがけ

くださった。「今は（※取材時。非常事態宣言下だった）酒類は提供できませんが」と手作りジンジャーエール。季節のアスパラガスのオランディーズソースがけは、青々としたアスパラの上に、卵の黄身とオイルをかきまわしたソースがえもいわれぬおいしさ。さらにレバーペーストを薄切りパンの上に乗せたもの。お酒の肴においしそう。めっぽう柔らかい。メインはビーフシチューのデミグラスソース、しまった、小さなライスでも取るんだった。最後にフレンチトーストのデザートにコーヒー。大満足。

フレンドリーなフロアの担当が笑顔で話しかけてくれる。海老フライが一本なら610円でいただけるとか、ハーフサイズや組み合わせのセットメニューも充実していますね。

「あれも食べたい、これも食べたいのお客様に喜ばれるんです。この次はオムライスとハヤシライスをぜひ」

『うえの』というタウン誌は今はウェブになっていますね。

「あれを紙の雑誌でめくりたいというお客様、多いんですよ」

昼下がりだというのに、お客は途切れない。

窓の外は広小路。みはし、亀井堂など、古いお店が見える。並びには上野鈴本、福神漬の酒悦、凮月堂も。上野はまだまだ、町の顔がはっきり見える。

本郷という山手に対応するのが上野という下町だという。私も子供の頃から、不忍池でボートに乗った帰りに松坂屋で麦わら帽子を買ってもらったり、展覧会を見た帰りに山を下りて洋食を食べたりしたものだ。「上野の杜の文化と町のエネルギーをくっつけよう」という理想を、上野はまだ持ち続けている。

ビーフシチュー

天寿ゞ　◎天ぷら
江戸前を揚げるきっぷのいい主人

台東区上野2丁目6－7

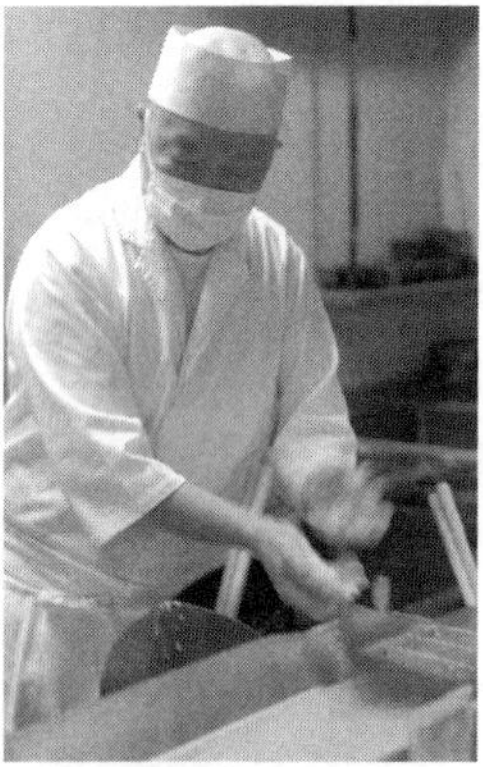
手練の揚げ技

その店は昭和3（1928）年創業、すでに90年を超える。上野広小路、山下の通りから少し入って、仲町通りに出る左側に清々しい木口の店がある。鈴木康夫さん、一目見て、下町らしいきっぷのいい主人。

「うちの祖父は鈴木吉太郎といって、元黒門町《もとくろもんちょう》の鳶《とび》のかしらだったんです。実は寄席の鈴本さんも鈴木さんで、先祖はどこかで繋がっているみたい。鈴本さんが鳶のかしらをしてたんですが、寄席を初めて、そっちに専念するって言うんで……」

あ、昔は鳶のかしらが横丁でみんなに娯楽を提供していた。根津にもありました。

「そうなの？　とにかくうちの祖父が榎本という家から鳶の鈴木に養子に入って、モトクロ（元黒門町）の鳶のかしらになったんです。わ組で五番だったね。そしたら、黒船亭の先々代ね、あの須賀さんが上野の大地主で、うちの祖父に『なんか食べ物屋でもやらないか』と声をかけてくれたらしい。税金をまとめて払っているのは当時、須賀さんなんですよ。みんなから集めてね。もちろん須賀さんが一番多く払ってんの。だってね、亡くなった須賀さんの家庭教師をやってた人も、お前、商売やれと言われて更科という名前の蕎麦屋をやってたぐらいですから」

上野をまとめる旦那様のお声がかりですからね。もう、上からのまちづくりそのもの。

「それで祖父はまた別の人にかしらを譲って、昭和3年に天ぷら屋を始めたということです。須賀さんの旦那の命日には毎月、お参りに行ってました。そうするとその晩、須賀さんから鰻とか家族の人数分届くんだよね。おばあちゃんが、かえって申しわけない、というと、祖父は、いいんだ、須賀さんは須賀さんができることをする。私は私ができることをする。みんな自分の分に応じたことをすればそれでいいんだ、と。これも僕には教訓です」

いいお話ですねえ。初代吉太郎さんは康夫さんがいくつまでお元気だったんですか。

「おい、ちょっと、2階から位牌を持ってきてくれ」と女性に声をかける。従業員かと思ったら奥様でした。

「これ（位牌）みればわかりますよ」

康夫さんは昭和30年生まれ、祖父吉太郎さんは昭和46年に85歳で亡くなっていた。おばあさんは荒井ふくといい、48年に75歳で亡くなっている。一回り違う年の差婚ですね。

「僕が16の歳までいたなあ。孫だから可愛がってもらいました。熱海が十八番《おはこ》でね、よく行きましたが、今思えば、旅館との付き合い方、挨拶、ご祝儀の出し方なんか、祖父のを見て覚えました。きっちゃん、と呼ばれてこの辺では面倒見のいい、でも怖い人でしたよ。私も一度怒られた事がある。それは廃品回収の人が来たんで、屑屋がきたよ、といったの。そしたら、あの人はお前から買った本を売って商売している。お前ごときに呼び捨てにされる仕事ではないと」

立派なおじいちゃんだ。黒門町というと桂文楽ですね。

「あの方は西黒門町。確かに高座に出ると『いよ、黒門町!』と声がかかっていましたよね。うちによくきていたのは古今亭今輔《いますけ》さん。これも困っているときにうちの祖父がお金を貸したとかで、ずっと恩に着て、来てくれてた。芸人さんは多いですね。この辺は下谷の花柳界で、芸者衆もたくさんいました」

美術学校の先生も学生連れてここで遊んで、学生と財布を置いて帰っちゃうという話を聞きました。

昭和14（1939）年、東京会館屋上で、イタリア王立海軍東洋艦隊旗艦来日を記念し、大倉喜七郎（中）が主催した祝宴での天寿ゞの模擬店。左端店内に静江さん

「戦時中、祖父は元が鳶のかしらだから、この辺の土地の世話係として疎開しないで残っていたんです。しかし空襲で丸焼け、その後に入ってきた人が縄張りをしてしまった。『みなさんの土地を守りきれずに申しわけない』と祖父は死ぬまで言っていました」

そうするとおとうさまは。

「これがまたややこしい。そのことは是非書いてください。そこにある写真、戦前に、大倉喜《おおくらき》七郎《しちろう》男爵主催の園遊会に、うちが模擬店を出させていただいた。外国人も一緒に召し上がってる。なんかポーズつけてますね。店の奥に写っている人が静江さんと言って、吉太郎の愛娘です。ところが戦後間もなく27歳で、脊椎《せきつい》カリエスで死んじゃったんだよね」

ストレプトマイシンが間に合わなかったですね。

「かわいそうだよね。吉太郎はすごく落胆して、でも、代わりに、妻のふくの親戚の中村公子というのを養女にします。最初、ここで働いていたみたい。おおらかな人だから気にもしなかったけど、いじめられた、試されたと言ってました。そこにうちの父の羽富英次が婿に入って2代目になった。それで生まれたのが僕」

へえ、いろいろありますねえ。

「静江さんが亡くなったので、僕が今ここにいる。そう思うとかわいそうで申しわけなくて、泣けてきますが、ありがたいことだとも思ってるんです」

父の英次さんはどんな方でしたか。

「養子ですから大変ですよ。言いたい放題いわれて。父は昭和3年、茨城の水海道の生まれで、北大を出てるんです。でもいろんな経緯で、婿に入って黙って天ぷらを揚げた。大変だったと思います。縁はあるんですよ。水海道の平将門《たいらのまさかど》の胴塚のあるところの大きなうちです。将門様の首の方は神田に飛んで、神田明神がお祭りしているでしょ。親父は趣味もなくて、コツコツ金を貯めて、この家を建て直して逝ってくれましたから、大事に使っています。この部屋は祖父の吉太郎の使ってた部屋を模して作ったんですよ。祖父は父に譲ってから、お客さんにおじいちゃんはいるかい、と言われても祖父は出ませんでした。父を立てる、もう代替わりしたんだと。父は受け継いだものを減らさないように、必死でしたからケチとも言われた。それで父の葬式を僕は奮発しました。ケチなんて言われた父の思いを何となく感じていたので。

普通この世界は16～18歳から入って、住み込みで、叱られて、怒られて、ある日、ふっと自分はなんでもできるような気がする。それが大切なんです」

そうすると康夫さんは黒門小学校ですか。

「黒門小学校、黒門中学校、白鷗《はくおう》高校です。僕らの頃は学校群で、本当は上野高校に行きたかったけど、向こうが勝手に振り分けた。子供のころはこの辺の路地で缶蹴りして遊んでいたよ。上野の山に遠征に行くこともあった。僕らはお山というけど、谷中の人たちは山続きだから上野公園と言うんだよね。僕らは池の端《はた》というが、谷根千の人たちは不忍池と呼びますね。僕は高校を出て、大学も行ったんだけど遊んでばかりで、結局、店を継ぎましたよ。後悔はない。でも祖父や親父、仏様の手のひらをコロコロ転がされたようなもので。真面目にやらないとバチが当たる」

興味の尽きない話を聞いているうちに開店時間の5時になった。

あとはカウンターで揚げてもらう。小さなさっぱりした藍染の小皿。

「塩でもつゆでもお好きな方で召し上がってください」

私はやはり塩がいいと思う。辛口の正宗を熱燗で。よく合う。


無になれば、揚げながらお客様と会話もできる

エビ、キス、愛知のベビートウモロコシ、小玉ネギ、シイタケ、琵琶湖の鮎、夏の鱧《はも》、イカ、ナス、アスパラ……

「昔は鱧なんて東京には生きたまま入ってこなかったんですがね。あと、冬は牡蠣を揚げます。これはうちが最初だと思う」

いつも思うんですが、なんでそんな棒みたいに太い菜箸なんですか。

「小麦粉はかき回してグルテンが出てしまうと粘りが出てサクッといかない。卵水に小麦粉を足しながら、そっと混ぜるんです。これ自分で角材から削って作るんですよ」

へえ、先に少し粉をはたくといいんですね。

「鮎だのエビだの、濡れているものは粉をはたいた方が衣がよくつく。揚げ鍋の前ですが、衣はあくまで冷やして、温度を遮断しなければなりません。うちは江戸前のオーソドックスな天ぷらです」

油は？

「これだけは企業秘密」

よく、お客とお話ししながら揚げられるものですね。

「無になること。揚げることに集中しながら、会話もできるようになるんです。

天ぷらはポルトガルの宣教師が伝えたものと言われていますね。江戸時代にはあったけど、今ほど多彩な材料はなかったでしょう。屋台で塩でつまむものだったらしい。でも、昔のお客様は昔の方が魚もエビも味が良かったといいますよ」

かき揚げ丼

最後にちょっとだけ、エビのかき揚げの天丼、味噌汁もキャベツの塩もみがうまい。帰る頃、カウンターはいっぱい。ミシュランのビブグルマンが6年続けてついた店だ。ほぼ同世代の主人の話がどれも懐かしかった。

上野 藪そば ◎そば
手切りにこだわり、辛めのつゆで

台東区上野6丁目9－16

おそば屋さんは東京中にたくさんある。選ぶのは大変だ。それで、えいとばかりに明治の末まで団子坂にあった藪《やぶ》の系統の店の中から選ぶことにした。藪蕎麦というのは全国に3000軒あるという。砂場、更科などとおなじく、そば屋によくある名前である（もっとも藪蕎麦の発祥を江戸時代に雑司ヶ谷にあったそば屋に求める説もある）。

江戸の末期、団子坂で秋になると菊人形という催しがあった。駒込や染井の植木屋たちが団子坂で菊を着物に着せた出し物をしたのである。近くにそば屋ができて、見物帰りの客に人気だった。鬱蒼《うっそう》とした林の中で、高低差を利用して庭に瀧が流れ、夏はそこで水浴びをする客もあった。そして竹筒につゆを入れ、葱を栓にして、打った蕎麦をお土産に持たせたという。その創始者を三輪伝次郎といい、お墓は白山の潮泉寺にある。

明治の30年代、相場に失敗して消えた藪蕎麦の名跡を預かったのが、神田の藪の堀田七兵衛である。そして団子坂から直接分かれた浅草並木の藪、池之端の藪を三大藪と称する。

しかし池之端の藪蕎麦は惜しくも閉店してしまった。私の好みの蕎麦はと問われればアメ横の中にある上野の藪がいい。

天せいろう

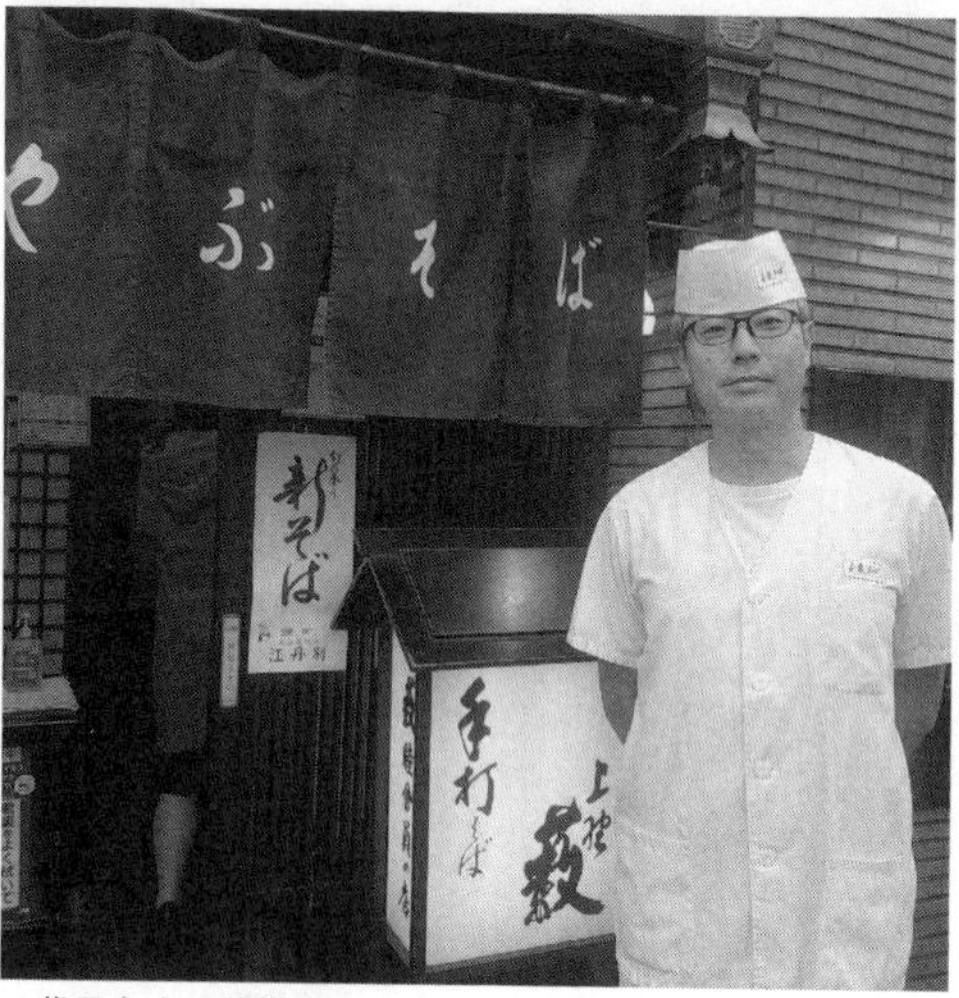

4代目主人の鵜飼泰さん

神田の藪からの分かれと聞いていますが。というと、4代目主人、鵜飼泰《やす》さんは首を振った。

「うちの初代は鵜飼安吉といって、明治の初めに滋賀県の造り酒屋に生まれましたが、10代で上京して、団子坂の藪で働いていたようです。神田に支店をだすときに、職人頭で行き、自分も1892年、明治25年にここで『藪安』という名前で独立しました。場所はまさにここで、140年近く動いていません。どういう経緯かわからないけど、初代の妻のなおさんが、ここに住んでいたからなんです。

2代目が禎治郎といって、電電公社のサラリーマンでしたが、一人娘の春枝と恋愛結婚し、入り婿になって頑固じじいの初代に鍛えられた。昭和15（1940）年くらいから継いでいます。この祖父の時代が戦争を挟んで大変な時代でした。祖父が徴兵で取られると、一族で初代夫人なおの故郷能登の七尾に疎開しました。焼け野原になった上野に戻り、昭和21年に掘っ立て小屋を建てて営業を再開しました」

へえ。お若いのに歴史をよくご存じですね。

「家族うちでよくそれを話すものですから。3代目の父良平は昭和13年生まれで、今84歳です。祖父が途中からの脱サラだったため、父は子供のころから家業を仕込まれ、出前の手伝いもしたようです。京橋の藪伊豆さんで3年修業し、そのあと神田の藪さん、並木の藪さんも半年くらいずつ手伝いました。昭和47年に3代目を継いで、『藪安』を『上野藪そば』に変えたんです。その2年後に私が生まれました。だから安吉の名前を文字違いでつけて泰《やす》、姉が2人います。

子供のころは、1、2階がそば屋で、3、4階に家族6人で住んでいました。春枝おばあちゃんもまだいたんですね。この人は店に出ないで、長唄の師匠をして96歳まで元気でした。

学校は黒門小学校です。いつのごろからか常連さんたちに、後を継いでくれよ、というような期待というか、願望を感じまして。人を喜ばす仕事がすきなので、大学のころは福祉の仕事もいいなと思ってたんですが。ま、そば屋も、おいしく食べていただく、人を喜ばす仕事かなと。卒業して人形町の濱田家さんで和食の修業をさせていただいて、平成27（2015）年に後を継ぎました」

今日は私はオーソドックスに天せいろう。細くてこしのある冷たい蕎麦はじつにうまい。運ばれてきたときは小さな器だなと思いましたが、結構、蕎麦の量は多いですね。

「それは場所柄、気取るわけにも行かないので、ちゃんとお客様が満足できる量を出せと、いつも父が言っております。おそばを重ねるとどうしてもくっつくので、水分をよく切ってから盛っています。もっと食べたい方には大盛り、すくなめのさくら盛りもあります。団子坂の藪に一番近いといってくださる方もあります」

きっと明治、大正、昭和を通じて、団子坂の藪の味を知っている人はまだまだおられたでしょうから、その記憶が伝わっているんでしょうね。そば粉はどこのを使っていますか。

「うちは北海道の旭川の江丹別《えたんべつ》です。今年は率直に言って一番粉のできは悪かった。今、二番粉の新そばですが、ちょっとほっとしています。1階で蕎麦を打つところがご覧になれますが、蕎麦は父の代になってからすべて手で切っています。100パーセント手切りというのは、めずらしいです。戦後の高度成長の頃は大量生産で、機械製麺がはやってました。また江戸の頃からなかなかそば粉だけでは、ぼそぼそと切れてしまうので、小麦を入れたり、いろんな手でそばをつなごうとしてきました。うちは父の時代に8対2くらいにしまして」

よくあんなに細く切れますねえ。おつゆの味もしっかりと濃い感じ。

「はい、今はもっとあっさりしたつゆのお店も多いのですが、うちは昔風に辛めにやっています。そばというのは、昔は間食でもあった。体を動かす左官とか大工さんは高いところにも上がりますし、体が重くなるのを嫌い、一度にはたくさん食べません。おなかがすいたら間に蕎麦をたべる。汗をかくから塩分の補給も大事、すぐに仕事に戻るためにはさっと食べられることも大事です。これは父の受け売りですが（笑）」

おたくのエビはまた、巨大ですね。

「なかなか、あの大きさのはないです。車エビを2尾つけています」

冬は牡蠣南蛮が人気だそうで。私も同行者のを一つ分けていただきました。

「牡蠣は岩手です。あれを楽しみにくる方が多い。温かいのと冷たいのと。春は山菜の天ぷらですね。夏はサラダ蕎麦、秋はキノコ蕎麦とごまだれ蕎麦。これがうちでは人気です。最初にサラダ蕎麦を出したとき、ご常連になんだこれは、と叱られました。おいしいですから召し上がってみてください、といって、どうにかメニューで定着しました」

昼から一杯も楽しめますね。

「うちは菊正宗いっぽんです。特に人気は凍結させたみぞれ酒。濱田家さんで和食を教えていただいたので、それをアレンジしてつまみも結構ありますよ。穴子の白焼きとかね」

店に長くおられる職人さんたちもいらっしゃるし、修業から帰ってこられたときはたいへんだったでしょうか。

「そうですね。外で勉強して、帰ってすぐ継ぐというのは。最初、蕎麦打ちを教えてもらえるかと緊張しました。でも父親に教わるわけにもいかないですから。家族はどうしても甘えが出るというのが父の考えで」

お父様の良平さんはもう悠々自適でいらっしゃるんですか。

「店はやっていませんが、業界の仕事はまだ続けています。東京都麵類協同組合理事長、日本麵類業団体連合会や日本蕎麦協会の会長などをつとめましたが、いまは東京都食品衛生協会の会長をしています。そのほか、蕎麦の歴史を話したり、手切りの蕎麦の指導をしたりと、なんだか楽しそうですよ」

お昼時、1階も2階も満員でした。また女性のフロアの方がテキパキして、親切で。

「背の高いのは私の姉。看板娘は大事ですから。母百合子も会社員の家から嫁いでずっと店で頑張ってくれました」

年配のお一人様から、スーツの会社員から、女性のお二人連れ、本当にいろんなお客様がいますね。

「昔は上野駅まで上京された方が、江戸前の蕎麦を賞味したいとそのままうちにこられたらしいです。私が子供の頃でも周りは旅館がたくさんありました。でも、アメ横もいまは焼き肉や、ゲームセンター、パチンコや、海鮮居酒屋など、様変わりして、昔からあるお店はほとんどありません」

永藤のパン屋さんもないし。

「そうそう。家業で精一杯で周りのお店に行く暇もありませんが。今は年末のおそばの準備でたいへんです」

3階が厨房で、そこから蕎麦を小さなリフトで下ろす。3階では何人かの職人がせっせと鴨を切っていた。鴨南蛮も冬の一押しだ。藪系のお店は藪睦《むつみ》会を作り、また若手は麺友研究会をつくって研鑽に励む。穏やかで誠実な人柄がお話に偲ばれた。

「100年以上続いたことには訳があるので、あまり気負わないで自然体で続けていきたいですね」

蕎麦は3本の棒でのばすのだという。「団子坂に行きとて」と角書きのある句。

藪蕎麦を打つ棒先や時鳥《ほととぎす》　　弘化四年春

2. 浅草

お盆時、にぎわう浅草六区の映画街＝台東区浅草　1953（昭和28）年

母は日本橋の袋物問屋で生まれたのだが、ちょうど生まれた昭和4年が昭和恐慌。関東大震災で焼け、建て直すかどうかの中で恐慌にあい、小さな商店はひとたまりもなかった。長女は父方の祖父母へ、次女は母方の実家へ、そして三女の母は浅草の子のない歯科医にもらわれた。養女にしたお披露目は大料亭、草津亭で行われたという。戦前の浅草はかわいがられて育った母にとっては輝く日々だった。

隠居である祖母は毎日のように芝居小屋でこたつを取って見物。割引の合図がなると女中さんといっしょに六区の映画街に駆けていったという。やがて戦争の時代に入り、昭和20（1945）年3月10日未明の下町の大空襲に遭う。みんなが隅田川に逃げるのを、母は「観音様が守ってくださる」と両親隣組の人々と浅草寺境内に逃げ、当時あったひょうたん池の畔で、ヤツデの葉を水に浸し、お互いの火の粉を振り払って一晩過ごし、九死に一生を得た。翌日、上野駅に駆けつけるとおにぎりを一つくれて、罹災《りさい》列車にただで乗り、義父母の故郷、山形県鶴岡を目指した。

わが家では、母が機嫌が悪いと、父は「浅草に行こうか」とそっと言い出す。そうすると母の機嫌は突然よくなるのを知っていたからだ。

一番よく行ったのは「大阪屋」という洋食屋。大正2（1913）年の創業で、伊勢エビのコキーユなるものを初めて食べたのはここ。アイスクリームの天ぷらというのもあった。母は「風邪を引くとここのライスカレーを取ってもらえた」と懐かしむ。今でもあのほの暗い、白いテーブルクロスのかかったレストランを覚えている。

すき焼きは「米久《よねきゅう》」、客が着くと、どおんと入り口の太鼓を下足番が鳴らしたものだが、かつて入れ込みだった座敷もほとんど椅子席になった。

天ぷらは「江戸ッ子」、とんかつは「喜多八」と決めていたが、両方とも今はない。寄せ鍋の店もあった。めんどくさがりの父はすぐに浅草へはタクシーを飛ばし、雷門で降り、仲見世を抜けてまずは観音様にお参り、早く行くと裏側の花やしきで遊ばせてもらえた。

観音裏には母の叔父が橘樹歯科を開いており、隣が相撲部屋だったと覚えている。

ぱいち　◎洋食
昭和7年生まれの大女将に息子の4代目

台東区浅草1丁目15－1

浅草には洋食のおいしいお店が多い。中には並ぶ店もある。しかし全体に値段が高い気がする。私は雷門通りからちょっと入った食通通り、昔は食通人道といったが、ここにある角店の「ぱいち」がすきだ。観光客でなく、地元の人が通う店だ。

今日は5時頃、ふらりといくと、カウンターには男性の一人客がふたり。みんなママに愚痴を聞いてもらいに来る。「女房が入院してさ、男やもめにウジがわく」。あら、そう、じゃこれ、まかないだけどおかず代わりにもってって。

「入山せんべいも亡くなっちゃって寂しいね。ところでママいくつ？」。89よ。「30過ぎたらいくつになっても同じだよ」。そう、年の離れた弟がいるだけなの。

耳を澄ましていると、お客の話から、かつて浅草にあった名店とそれがどうしてなくなってしまったかがわかる。娘2人であとつぎがいなかった。内輪もめ。跡継ぎが急死した。長男が会社を辞めて戻ってきたがうまくいかず。そんなことで屋台が揺らぐ。

タンシチューにとんかつ

私は奥のテーブルに腰をおろし、今日は念願のタンシチュー。「熱いのでお気をつけくださ い」と鉄鍋ごと運ばれてきた。柔らかいタンがゴロゴロ入っている。同行者はビーフシチュー。ジャガイモ、タマネギ、にんじんの甘味もくわわりシチューは味わい濃い。ごはんにかけてもうまい。別に小さめのとんかつを頼んで半分こ、さらっと揚げた感じで、サクサク感がうれしかった。

ぱいちが4代目、こんなに長く続くのは、ひとえに昭和7（1932）年生まれの大女将、笹川基恵さんが、店にいて、浅草の昔を語るからかもしれない。

「私の生まれたうちは大通りの反対側で勤め人だったの。母の実家はせんべい屋よ。田原小学

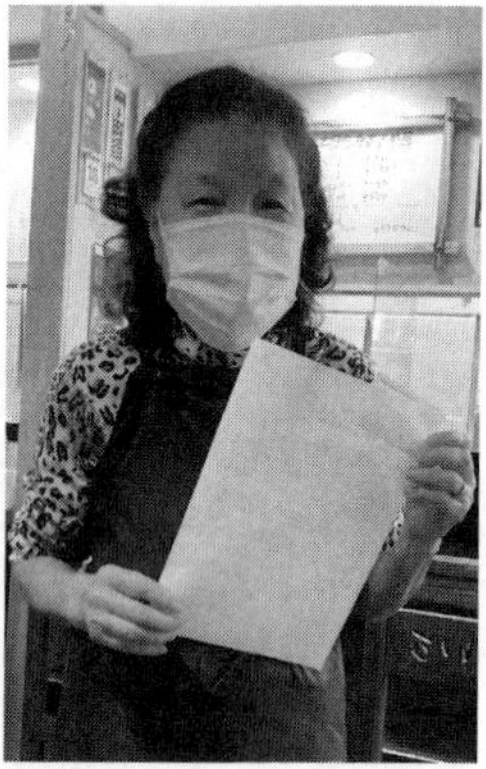
大女将の笹川基恵さん

校の6年の時だった。学童疎開で宮城県の松島に行ったのね。行ったのはわりと季候のいいときだったわよ。9月に行って冬越して半年居たの。最初はいやだったけど、だんだん慣れて楽しかったわ」

浅草区は鳴子温泉に行った学校もあったですよね。

「そうみたいね。私らは海辺で温泉なんかないし、離れ小島に薪を拾いにいって、それでドラム缶風呂わかしてさ。1カ月に一度も入れなかった。食べ物もろくになかったしね。西町小学校と一緒で、大広間を真ん中で分けて、持ってきた布団をずらりと敷いて寝た。帰ってきたのが昭和20年の3月9日」

てことは東京大空襲の当日じゃないですか。

「田原小学校の地下に避難したら、煙がすごいの。3階には軍隊がいて、皆さん外に出てくださいというから出たんだけど、そのときの風がすごい。私のオーバーのお尻の所に火がついて、消しても消えないの。それを生き延びたんだから悪運強いのね。焼け野原になっちゃって、戦争直後は埼玉の坂戸に疎開して、馬小屋に住んでた。シーツをつるしておかないと天井からゴミが落ちて大変なの」

それで、ぱいちにお嫁さんに来たんですね。

「ここの歴史は面白いのよ。もともとこの子（当代）のひいじいさんて人は、玉ノ井で200坪の土地で200人も使うような建具屋だったんだって。ところが19の歳に父親がなくなり、まさか十代で若い衆を引っ張っていく器量がないから、じいさんの隆一は商売たたんで飲食の修業に出た。湯河原で洋食を覚えたらしいけど、修業した先でいじめられてね、おまえこれが好きか、と聞かれて、ハイと答えたら1カ月、嫌がらせのように同じもの食べさせられたんだって。そのうち向島の玉ノ井で笹川クラブというのをはじめ、亀戸でミルクホールをやったり。でもなかなか人が入らなくて、昭和初期に浅草観音裏のひさご通りに一杯飲み屋をやったのが『杯一』、一杯をひっくり返したのね。でも戦時中、酒を飲むのは不謹慎だといわれ、ひらがなにしました。

焼け出されて、戦後ここに移ったけど、おじいちゃんは歌手の渡辺はま子をはまちゃんなんてよんで、藤山一郎や清水金一とも仲良かった」

『支那の夜』『蘇州夜曲』『サヨンの鐘』『あぁモンテンルパの夜は更けて』、ヒット曲多かったですね。

「おじいちゃんは働き者だったけど、62くらいでなくなったのかな。私は13のころからここに世話になっているから。戦後にすぐ、バラックを建てて店を再開、カウンター4席にテーブルが一つだけだったけど、それでもカツが飛ぶように売れた。私が来たときは、両親のほか、建具屋の女房だったおばあちゃんもいたけど、これが絶世の美人でね、おばあちゃんなんだけど、すれ違う人が振り向くような人でした」

若かった基恵さんは、義妹と交代で夜抜け出しては六区の映画館に行った。タダで入れてもらえたという。

「日活、松竹、東京クラブ、大勝館、いっぱいありましたからねえ。だから映画関係のお客様も多く、佐田啓二さん、大木実さん、木戸新太郎さん、佐田さんなんて当時大スター、すぐ人だかりになっちゃうから『裏口はないの』なんてまごまごしてましたよ。そうそう、小《お》津《づ》安二郎監督が奥様と店に見えたこともありました。優しそうな方でしたよ」

昭和38年に跡継ぎの勇さんと結婚。2人の子供を育てながら、休日もなく働く。

「旦那は典型的な浅草の遊び人で、売り上げもって湯河原に1カ月も長逗留、お金がなくなって『金持って迎えに来い』の人だもの。その分、この人（息子さん）がわりくったのね。

結局、旦那はお酒の飲み過ぎで、永寿病院の個室にいたけど、『お金かかるから家で点滴しなさい』と病院の人に言われ、7年8カ月、私が毎日、点滴して見送りました」

なんとも壮絶な女の歴史。でも、下町っ子の基恵さんはそんな苦労は毛ほどもみせず、今日もさっぱり、すらりとエプロンして立っている。髪の毛もきれいにカールして、60代にしか見えない。

前に訪ねたとき若かった息子の勇二さん、すっかりかっこいい中年の大将に。

「20年務めた職人が独立したいと言い出して、どうなることかと思いました。いっそ店をやめようかと思ったが、近所の人がやめないでおくれよ、という。僕一人なのでメニューを減らして、グラタンなど手がかかるものはできなくなりました。でも何が幸いかわからない。コロナになってお客はうんと減りましたが、人様に給料を出してないから保ってるんですね。僕と妻で回し、母と叔母さんががんばってくれています。お酒を出せないのはつらいけど、最近出来た店ならいざ知らず、（コロナ禍で）神谷バーさんが閉めている※のに、うちが出す

4代目　勇二さん

わけに行かないじゃないですか。その分、営業時間が短くなって、体にはいいと思っています」（※取材当時）

隣にご新規のお客さん、ポークソテー、かにサラダ、ライスを一つと来た。おお、いいチョイスだな。つぎはそれにしよう。

パンのペリカン　◎ベーカリー

みっちり、しっかり正統派の角食にロールパン

台東区寿4丁目7－4

浅草育ちの母は、「さいきん、田原町《たわらまち》をタワラチョウ、稲荷町《いなりちょう》をイナリマチなんていう人がいるからね」と嘆く。

その田原町の角から国際通りをかっぱ橋の方へちょっと行くと「ペリカン」というおいしいパン屋さんがあるとは、最近まで知らなかった。でもここのパンはアリゾナキッチンやリスボン、マノス、人形町の快生軒でも使っているというのだから、知らずに食べていたのだろう。確かに昔の洋食屋や喫茶店のトーストは、今のようにふわふわ穴だらけではなく、みっちり、しっかりしたものだった。

売り切れてしまうと店を閉めるというので、一斤半の角食《かくしょく》（まあ、なんと懐かしい響き）とテーブルロール10個を予約して、4時頃に取りに行った。

その建物も赤い日覆いにペリカンのマークが付いているほか、なんの変哲もない小さなビルだが、ガラスの引き戸を開けると、若い人が何人もテキパキと働いていた。「お取り

置きしてございます」と木の棚から茶色い紙袋のパンを持ってきた。アサクサとカタカナで書いてある。

だから、お店には私は1分もいなかったのだ。帰りに裏のごま油やさんでゴマとごまジャムを買って、家に帰って早速、角食をトーストした。

パンは切っても変形しない。耳のところが折れたりせずに、ピンと真四角のままである。トーストするとふわりとパン独特の香りが立ち、噛みしめるとしっかり応え、全く雑味や妙なフレーバーがない。ああ、これだ、昔のパン。聞くと昭和17（1942）年創業だそうである。翌日、昼ごろ来た娘夫婦もおいしいおいしいと言ってパクパク何枚も食べた。バターを乗せたり、ごまジャムもつけたり。「ちょっと、ちょっと。冷凍すれば取っておけるんだから」とあわてて制したのだが、あらかたなくなってしまった。

私はロールパンをいただいた。ちょっと小ぶりだが、これまた頃合いに焦げ目がついて中もみっしりしていた。昔の洋食屋さんではこんなのが白い小皿の上に二つ載っていたものだ。バターをつけてコーンスープと食べてみた。それから切れ目を入れてちょっと炙り、中にあんことバターをはさんでみた。これもおいしかった。まあ、どう食べるのも自由だもの。

残りはジフィーバッグに入れ、冷凍庫にしまった。一週間、京都にいて帰り、夜、ロールパンを二つ出しておいて朝、食べると味は全く変わっていない。一人暮らしでも、10個買っても怖くない。

　近くにも幾つかおいしいパンの店があるけど、デニッシュとか、種物に凝り過ぎ、正統派の角食やロールパンになかなか出会わない。ペリカンまで家から距離は近いのに、地下鉄では二回乗り換えになる。それでも買いに行く価値のあるパンだと思う。

　田原町は劇作家久保田《くぼた》万太《まんた》郎《ろう》の生家《せいか》袋物問屋の久保勘があったことで知られている。この人は俳

角食

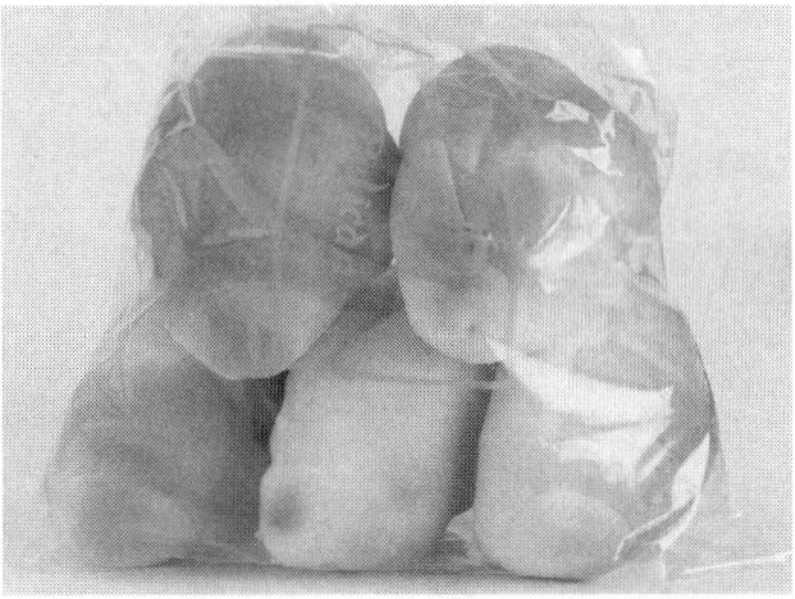
ロールパン

句が抜群に上手《うま》くて、

湯豆腐やいのちのはてのうすあかり

は好きだ。下町をこよなく愛し、

神田川祭りの中を流れけり

竹馬やいろはにほへと散り散りに

もある。後者は、浅草の子供時代を思い出した句で、樋口一葉の「たけくらべ」を思い出させる。でもこんな句があるのは知らなかった。

パンにバタたっぷりつけて春惜しむ

浅草っ子はハイカラで、美食家である。大正の頃から浅草ではレビューや外国映画の封切り館があって、我が母も「巴里祭《パリさい》」や「スミス都へ行く」などに熱中したという。「そんな私たちが、やおら鬼畜米英になるはずがないじゃないの」というのが母の言い分でもあって、多分、ペリカンのパンやさんは戦前から、そうした浅草っ子の美食とハイカラを支え、彼らに支えられてきたお店なのに違いない。

国際通り沿いを200メートル、蔵前の方に寄ったところにこれもまた赤い日覆いの着いた小さなペリカンカフェもでき、ここではサンドイッチ、チーズトーストや小倉トーストを出す。スープやポテトサラダもおいしい。

「パン屋は体力勝負」と、体鍛えた4代目

と、こんな原稿を書いて早4年、ひさしぶりにペリカンを訪れ、4代目の渡辺陸《りく》さんに会った。最近、浅草には「イケメン、しかも商売熱心」な跡継ぎさんが多いと聞くが、まさにその典型みたいである。歴史にも詳しかった。

「浅草にいたのはもっと前かららしいんですが。先祖は金蔵といって新潟の出身らしいです。パン屋としては初代が曾祖父の渡辺武雄、明治44（1911）年生まれで、一時はミルクホールを経営してましたが、大正期に築地の精養軒でパンの修業をし、昭和17年に三河屋という屋号でパン屋を始めました。そのころは墓石で作った石窯で何でもお客が持ってくるものをハイよ、と焼いていたそうです」

4代目の渡辺陸さんと角食、ロールパン

昭和17（1942）年というともう太平洋戦争が始まってもののない頃だと思いますが。

「その辺の話は伝わってないんです。もちろん店は焼けた。うちは神奈川県の鵠沼《くげぬま》の方に疎開してたと聞きました。僕が知っているのはじいちゃんの渡辺多夫から。昭和9年生まれで、終戦時11歳ですから、戦後の昭和30年頃にしごとをはじめたんでしょう。多夫は大学も出たんですが、朝早くから製造を手伝っていたので、授業は寝てばかりいたと。先生が、かわいそうだから寝かせといてやれと言ってくださったそうです。

しかしそのあと、ドンクとかアンデルセンとか、有名なブランドができて、種物のデニッシュが売れる時代。うちはそのころはもう営業用に特化して、少しいい粉を使って愚直に食パンとロールパンだけを作り続けた。卸していたのはホテル、レストラン、喫茶店です」

おばあちゃんの竹子さんが一家の中心のようですね。

「今87歳でめちゃくちゃ元気です。まだ車の運転してますよ。竹子は群馬県の水上からお見合いで嫁に来た。じいちゃんは僕が大学生の頃になくなった。じいちゃんがペリカンのような大きなしっかりした顎をしていたので、うちはペリカンという屋号に変えたんです。美大の学生さんがそのころ書いてくれたペリカンの絵を、今も商標につかっています」

1984年は私たちの地域雑誌「谷根千」が創刊した年なんですが、そのころが商売がどん底だったとか。

「僕は1987年生まれですから知りませんが。浅草そのものが落ち込んでいたのもありますね。3代目は母の兄、そこに女の子しかいなかったので、一族で誰かやらないかというので、僕でよければと手を上げました。今は弟も手伝っています。3代目の伯父も元気なんですが、もう長年、頑張ったから、もう楽させてくれよ、ということで。口も出しません。

僕は実は中野育ちで、大学は成蹊大学、吉祥寺あたりで遊んだり、本ばかり読んでいた。江戸川乱歩や夢野久作にはまっていました。祖父母のいる浅草にはよく遊びに来ました。子供の頃に祖父に連れて行ってもらったお店が懐かしいですね。例えば、街中華《まち》でいえば『味乃一番』。閉店したんですが、五目焼きそばでも春巻きでも何でもおいしかった。ここに住んでまだ12年くらいです。今は近くに住んでチャリで通ってきています」

やっぱり女性が後を継ぐのは難しいのでしょうか。

「パン屋は体力勝負です。朝、3時半には早出の人は工場に来ます。夏は暑いし、冬は寒い。うちのパンの型は大きくて3連なんですよ。しかも鉄製。ミキサーも大きいし、小麦粉の袋は25キロ、それを持てないとつとまらない。僕もこの仕事を始めて、体を鍛える必要を感じて」

それは大変。パン作りはどこで覚えたのですか。

「どこかのパン屋さんで修業しようかと思ったんですが、結局パン学校に5年通いました。でも理論を学べてよかったと思います。例えば、来る日も来る日も塩を入れずにパンを焼く。あえて失敗することでパンにとっての塩の意味がわかる。菓子パンはごまかしがききますが、一番難しいのはフランスパンですね。塩と小麦と水、それとモルトとイーストだけ」

上の代でバターの値段が上がってマーガリンにしようか悩んだという話もありますね。

「バターを入れないと、粉がひっついちゃって離れないんです」

バゲットを買いに来て、パリジャンは立ち話していますね。ペリカンのお店も近所の人の立ち話の場になっているのでは?

「そうなればいいですね。地方には土地があるから、朝から近所の人が食べに来て、子供の遊び場もあるようなパン屋さんがありますが、何しろ浅草ですから。でもうちのパンははっきり言って小売りは地元の常連さんに支えられています」

きっぱり言い切って陸さんは立ち上がった。「嵐の中、わざわざ来てくださって」と食パン一斤半とロールパンをどっさりお土産にいただいた。嵐の中、これからペリカンまで足を伸ばそうと思ったのに。なんだかうれしかった。

どぜう飯田屋　◎どじょう
味見と接客は商売の基本

台東区西浅草3丁目3－2

昔、谷中銀座の福島貝屋さんの木の樽に、ドジョウが居て、尻尾を揺らしながらするすると水の中を登ったり下ったり、それを見るのが楽しみだった。

そこではアルミの皿にささがきゴボウを敷き、割いたドジョウを乗せて売っていたので、買ってきて家で柳川をやることもあった。そういうと、友達はみんな「家でどじょう鍋なんかやったことないよ。ぜいたくだ」という。

外で食べるとすれば、浅草には創業200年以上の「駒形どぜう」と合羽橋商店街の中に創業150年くらいの「どぜう飯田屋」があって、どちらも好きだ。

まずは主人にすぐ連絡がついた飯田屋さんに行く。入り口には昔と同じ、はんてんを着た下足番がいる。床はラタンで、掘りごたつのようになった席が足が楽だ。夏のしつらいで、風通しのよい簾戸《すど》がはまっている。卓には小さなガスコンロが置かれている。まずは丸煮を頼む。これがとにかく柔らかい。骨を噛むとかすかに土の匂いがした。

卓上コンロで丸煮を

ご主人の飯田龍生《たつお》さんは昭和25（1950）年生まれ。

「明治の中頃には浅草の田んぼにドジョウがいて、それを捕まえて店に持ち込んできて、これで食べさせてくれと言ったという話があるんです。

うちは関東大震災と戦災と2度やられたのですが、幸い、私が生まれたのは戦災のあとでした。

戦後、六区が近いので、渥美清、江利チエミ、美空ひばりさんなど芸人さんたちがすぐ戻ってきてくれた。ここは今でこそ西浅草なんていってますが、もとは柴崎町、私はその町会長を仰せつかっております。『さあ、浅草通りを渡って浅草に帰るか』なんてわざとおっしゃるお客様もいるんですよ。ここは浅草じゃないみたいに。この合羽橋の通りは、上野寛永寺の宮様が金龍山浅草寺も兼務しておられて、通った由緒ある道なんですが。私は浅草料飲組合の組合長もやっております。浅草はそんな風にいろんなお付き合いが重なっている町なんです」

なんで柳川というんでしょう。

「九州の柳川に発祥したという説と、割いてささがきゴボウと煮て卵でとじたのを最初に出したのが、横山町にあった『柳川』という店だという説があります」

飯田屋さんは鰻も出しておられるんですね。

「はい。うちは慶応3（1867）年に一膳飯屋《いちぜんめしや》として発祥し、そのうちに川魚を専門にして、当時は鯉の洗い、ドジョウとともに、最初から鰻もやってたんです。いま、コロナの中で、大変助かっています。『酒がなくてドジョウなんて食えるか』というお客様がいますが、『じゃ、かわりに鰻を食うよ』という方が多い。鰻はお茶で召し上がっていただけますし、お弁当でお持ち帰りもできます。冬はナマズ鍋もありますよ」

ドジョウは秋田産、ネギは八百屋さん

ドジョウというと滋養強壮というイメージが強いですね。

「鰻を土用に食べるのは夏バテを防ぐためです。鯉こくなどもそうですね。お乳を出すために産婦に食べさせたりします。今みたいに牛や豚、鶏肉を食べない頃ですから。最初は味噌汁の中にドジョウをぶち込んだ。そのうち割下とドジョウを煮込み、ネギを入れて食

べるようになりました。韓国や中国にもドジョウを食べる文化がありますね」

はい、韓国ではドジョウをすって雑炊に入れて食べますね。

「ポーランドにも、ドジョウ料理があるそうですよ。フライとかね。昔は関東のドジョウを使っていましたが、今は息子にご縁があって秋田の養殖のを仕入れています。水がきれいなので臭みがない。町おこしにもなると秋田の生産者にも喜ばれています」

昔、両親に連れられてくると、父がネギをおかわりするのが恥ずかしくて。でも嫌がらずに持ってきてくださる。その木の箱の印象が強いです。どこ産のネギですか。

「ドジョウは秋田産ですが、ネギは八百屋さん（笑）。季節によってネギのできる、おいしい産地が違うのです」

「駒形どぜう」と比較されることが多いと思うのですが。

「あちらは本当に200年以上、江戸時代からやっておられるので歴史ではかないません。料飲組合でも親しくしておりますし、東京都内に駒形さんとうちと、川を渡ってひら井さん、両国の桔梗屋さんとどじょう屋は4軒しかありません。みんなで支え合っていかなければ。お客様にはそれぞれ好みがあり、辛いのが好きな方、甘塩っぱいのが好きな方。うちは割と甘塩っぱい方ですかね」

もう少し、お店の歴史を聞かせてください。

「初代は飯田三次郎といって、先ほど言ったように慶応3年頃、飯と味噌汁を出す一膳飯屋を始めたのですが、明治26（1893）年頃から川魚もやるようになりました。この人は無口な職人肌だったとか。その親戚筋であとを継いだのが私の祖父の飯田幸三郎、明治35年生まれで昭和35年まで元気でしたから、かわいがってもらいました。この人は江戸っ子で若いころ、浅草の芝居に片足突っ込んでいたようです。永井荷風先生にかわいがられて、お正月で休みでも先生が来たらしょうがない、と店を開けたこともあるとか」

昭和33（1958）年元日に来店した永井荷風（帽子に黒いコート）。右隣が３代目の飯田安雄さん。その腕に抱かれているのが４代目の龍生さん。右端が２代目の幸三郎さん

きっと、女将さんが偉かったんでしょうね。

「おっしゃるとおり。祖母のはなが偉かったんです」

じゃ、3代目のお父様は。

「父は学者肌で、慶應大学の経済を出て、日本火災

保険に5年勤めた。体を壊さなかったら、そのまま勤め続けたかもしれません。店をやるようになって、父の仕事は割下の味見と、お客様をお迎えして席を定めることでした。『いらっしゃいまし。こちらのお席いかがですか』と。高見順先生がご夫妻で見えて、奥様が父を下足番と間違えて心付けをくださった。『おいおい、こちらご主人だよ』と先生はおっしゃったそうです。味見と接客は商売の基本です」

3代目もお母様が偉かったのでしょうか？

「そうですね。母はとんかつや『河金』の娘です。結局、昔話をするのは母なので、そっちの話しか頭に残りませんね。河金は子供が14人もいて、（1945年）3月10日の大空襲の時、最初、国際劇場の地下に入ったのですが、ここでは助からないとみんなで出て、風上に逃げて全員助かりました。飯田屋ももちろん焼けました」

飯田さんは町会の祭礼部長、上野の寺の檀家総代も務める。

「でもうちはカトリック信者なんですよ。祖母のはなが鶯谷の教会に通っておりました。それで僕は暁星から上智大学の歴史学に入って、白鳥芳郎《よしろう》先生、江上波夫先生について、タイにフィールドワークに行ったりして……」

研究者にもなりたかったが、おばあちゃんの「おまえは跡継ぎだよ」の一言が効いたそうだ。

「うちの弟は仏文を出て、今は暁星学園の校長をしています。私が役に立つのはフランス人のお客様がなぜか多いので、そのお相手をできるくらいかな」

長男が5代目。すでに2人の男の子に恵まれている。

「6代目まではどうにか続きそうです。商売屋の子供はやっぱり、おいしいものを食べさせて舌を肥えさせる。それと、どこかでじっと接客も見ているものですね」という。2人のお嬢さんは浅草の祭り道具店と銀座の高名なお寿司屋さんに嫁いでいる。

駒形どぜう　◎どじょう

震災に戦災、コロナ禍も経て220年

台東区駒形1丁目7－12

6度焼け、その都度再建された店

「どじょうはどじょうやで召し上がってくださ
い」という飯田さんの心遣いに答えようと、駒
形どぜうへ向かう。

浅草で200年を超える歴史のある店は唐辛子の「やげん堀」と「駒形どぜう」を代表とする。その名も江戸通りという隅田川と並行して走る道。ここは江戸城から金龍山浅草寺に向かう道でたくさんの大名行列が通った。夏は白い麻の暖簾《のれん》、冬は紺地の暖簾。角に柳が揺れている。近くに行くともう、ドジョウを煮る醤油の甘辛い匂いが流れてくる。自然と足早になる。まさに江戸そのものの店構えである。

暖簾をくぐって、広い座敷へ上がる。低い木の卓が置かれ、その上に炭火の火鉢が運ばれてくる。その上に鉄の小さな鍋をのせると、なかにドジョウが泳いでいる。「もう火が通っておりますから、ネギを入れて煮えたらお召し上がりください」とすっきりした紺の

浴衣、赤い帯に緑の帯締め、フリルのついた真っ白なエプロンをかけた若い女性がテキパキとネギと小皿をもってくる。まことに爽やかな応対だ。

ぐつぐつ、しゅっしゅ。煮えたぞ煮えた、いいにおい。取り箸で、小皿に取ってフウフウしながら食べる。もう一枚、柳川もとった。山椒にしようか、唐辛子にしようか……。

それにしても柱もないのに、この広い空間はなんということだ。

6代目に聞く創業以来の歴史

日を改めて話を聞きに行くと、洒脱な6代目ご主人、渡辺孝之さんの名刺には江戸文字で「六代目越後屋助七」とある。

煮えたぞ、煮えた、いいにおい

「私どもは享和元（1801）年が創業ですので、今年で220年目になります。初代は武蔵国の人。今の埼玉県の吉川というところで、行ってみるといまでも鰻、どじょう、なまずの料理があります。初代のお墓も発見しました。うちは浅草清島町の長泉寺に代々の墓があるんですが、まあ、いろんな事情があって吉川にも初代の墓はあるんですね」

あったんすよ。もらったんすね、と6代目の話は語尾が粋に軽い。

「農家の七男で、百姓では生きていけなかったんでしょう。江戸に出まして、口入れ屋、いわゆる桂庵を通してどじょう屋に奉公の末、何年かして享和元年にここ、駒形にどじょう屋を開きました。家斉公の頃ですね。大名が通るので、街道に向いている方は2階も上から覗いちゃいけないということで、灰色の壁になっているんです。本当は東側なので日当たりもいいし、窓を開けたいんですが。両脇は千本格子、上から物などが投げられないようになっているんです」

それをずっと守っておられるのですね。

「関東大震災と戦災ばかりではなく、江戸も入れて都合6度焼けております。火事と喧嘩は江戸の華と申しますが、いつ焼けるかわからない。図面だけは大事にしろ、と代々言われていまして、4代目の時が関東大震災、5代目私の父で戦災、このときも浦和に親戚がありまして、焼けても建て直せるようにと、ある程度の木材は預けてあった。だから戦後もすぐバラックは建てられた。

しかし父は天皇大好きですから、皇居が本建築になるまではうちが建てては申しわけないと。皇居新宮殿ができたとき、ちょうど東京オリンピックの時に本建築にしたんです。そのときも、親父が『もうすぐ俺は死ぬんだから。おまえがやるんだから。ビルにして、上を事務所に貸して固定資産税を払うか？』と聞いたんですが、『ビルを建てる気なんか、これっぽっちもない。焼けたらまた元通りに建てますよ』といったら父も安心してね。これから何かあっても、また息子が以前の通りに建てて直します」

暖簾は「どぜう」になっていますね。私もこの方がしっくりきます。

「どじょう、どぢゃう、どじやう、といろんな表記がありますが、4字だと縁起が悪いとか、締まりがないので、どぜうの3文字をうちがさいしょに使っています」

現在、東京にどじょう屋は4軒しかないようですね。江戸の頃はもっとあったのでしょうか。

「ありましたありました。11軒あったそうですよ。嘉永元（1848）年の『江戸名物酒飯手引草《てびきぐさ》』に出てきます。駒形 越後屋助七と。ほかに高橋の伊勢喜さんも出ていますが、この前おやめになりました。面白いのは、格の順に出てくる。最初は御料理、八百善《やおぜん》ですね。次がなんと茶漬け。これが案外多い。次が蒲焼き、その次がどぜう。尻尾が蕎麦屋」

寿司屋さんは？

「あれはそのころは屋台で握るファストフードでしょう」

しかし、武蔵の人なのに、なぜ越後屋なんです？

「お、いいとこに気がついていただきました。江戸に出てきてわらじを脱いだどじょう屋が新潟出身の人で、世話にもなり応援もしてもらったので、その名前をもらって義理を立てているんです」

温泉育ちに酒呑ませ、寝ている間に往生させる

ドジョウはどこのを使っていますか。

「大分で養殖してもらっています。皆さん天然物がいいと言われますが、うちも高度成長まではそうだったですよ。昔は田んぼのドジョウを集めて売りに来た。この時期はここ、夏は千葉県とか、でも田んぼで使う農薬が体内にどんな影響を及ぼすか。それを知って、田んぼはやめまして、いまは大分の養殖に変えました。ここは山の中で、雪が降るような所、23度を超えないとドジョウは餌を食べない、それで温泉水で飼っています。

あとは台湾からも少し来てる。これは国内で足りなくなったときに。台湾は昔から魚の養殖が盛んです。まだ農薬がない50年くらい前から。あっちは池や沼がたくさんありまし

てね。ドジョウを食べるの好きなんですよ。でも最初はいわゆる粒先がそろわない。それをJALで空輸したら、こんな安い物を何で飛行機で運ぶんだとJALの支店長に言われましたよ。そのころは検疫もまだ緩くて、入るときも出るときも観賞用のドジョウということで通して、日本のドジョウと交配して、いまはほとんど日本と変わらない味です」

お宅のドジョウは、ぷくっと太ってますね。

「痩せてるのはだめ、太ってないのは嫌いです（笑）」

泥を吐かすのですか？

「出荷の二日前には餌止めといって、内臓をきれいにして。仕入れたら昔は樽に入れて、いまはプラスチックの容器ですが、それにシャワーを浴びせておきます」

丸鍋を初めていただいたのも駒形さんですが、結構手間のかかるものなんですね。お酒で煮るんですか。

「煮るんじゃなくて漬けるんです。生きたままのドジョウをお客様の前で煮たら、はねて大変です。だから酒に漬ける。温泉で育って、最後に酒をのむ。まるで小原庄助さん、恵まれているドジョウなんですよ、極楽往生してもらう。酒を飲むとおとなしくなる。それを味噌をいれた汁で煮る。これは味噌汁よりは少し薄いくらいですね。酒を飲んだ上に味噌汁まで飲んで幸せですよ」

はあ、どんな味噌を使うんですか。

「うちは東京のちくま味噌の甘味噌を9割、京都の本田味噌の赤味噌1割です」

先代の奥様が京都のお味噌屋さんからお嫁にいらしたとか。

「そう、母の里の味噌です。それからさらに割下でさっと煮てお出しする」

まあ、手間がかかっているんですねえ。

同じ仕事で先代とは衝突しませんでしたか。

「50年ほど前、浅草がとても沈滞した時がありました。それは、浅草に人が来るのは六区の映画館、それがみんななくなった。そもそも汚くて、兄ちゃんは前の席に足を掛けてくる。ひどいものでした。懐かしいだけではすまない。そのころ私は大学生、渋谷は公園通りとか、ハイカラで、大変若い人で賑わっていた。それで父がだめだというのに、母に味方を頼んで、渋谷の宇田川町にも『駒形』を出したんです。今回、コロナで閉めました」

やっぱりコロナの影響は大きいですか。

「おかげさまで。火事があっても昔通りに建て直せるように貯めたお金はさっぱりなくなってしまいました。自分の土地ですから家賃はいいとしても。仕入れ先がたいへんなんです。ある程度、仕入れないと池をやめちゃうかもしれないから。

その前はインバウンドでよかったろうといいますが、外国の方は骨のある魚を丸ごと食べるというのはしないですね。ことにアメリカ人は。フランスの方は食べますね。ずっと外国の方は1割くらい。コロナがこんなに長引くとは。でもこれも歴史ですから」

お店の方たちは実に感じいい。テキパキして笑顔で。

「老舗っていうのは難しいですね。本拠地がしっかりしてないといけない。主人だってちょっとは顔を出さないと。あそこに行って誰も知ってる顔がいないというのはいけませんしね」

どじょう汁

こんどはどじょう汁でご飯もいいですね。
「そう、それおすすめ。ささがきゴボウも口に当たらないくらいに煮て、あつあつの味噌汁に薬味のネギをぱっと散らして、唐辛子を一振りしてあついご飯をかっ込んでください。堪《こた》えられませんよ。それしか食べないお客様もいます。お米も宮城登米《とめ》の生産地の人に息子がかわいがってもらっているし」

永井荷風の流儀

ちょっと昔のお客様の話でも。

「まあ、皆さんドジョウが食べたくて見える。親父がしゃしゃり出る幕ではありません。永井荷風先生もいつも1人、戦後間もない頃で、どんな天気でもコウモリを持ってね。自分の好きな席がきまってて、空くまで立って待ってる。

あのころはほとんど女のお客さんは来なかった。なかには白い麻の背広を着てるけど、ごめんと上がると背広を脱ぎ、下のズボンを脱いで、きちんとたたんでね。ステテコ姿で召し上がる方もいた。ズボンがしわになるからね。冷房なんてない頃だし。

久保田万太郎先生は浅草の生まれで、浅草小学校です。下手すると週に2、3回見えました。お~また来たよ、という感じで、お金なんかいただいたことはない。だって父と飲んでいるんですから。父の客ですから。

僕は田原小学校卒業、校歌をお願いしたらいとも簡単に作ってくださった。今それ、歌ってますよ。獅子文六《ししぶんろく》さん、サトウハチロー先生もうちがお好きでした。戸板康二《といたやすじ》先生もいつも1人で。

一度、浅草警察から電話が来て、明日ちょっと偉い方が見えますというので、はあ、天皇が来たらどうしようと思ってましたが、見えたのは佐藤栄作総理でした。それもお客様がいるので左脇の内玄関からと思ったんですが、総理はいやだと。こそこそしたくねえ、みたいな。正面から入られた。そしたらそのときいたお客さんがみんな立ち上がって万歳三唱。下町のお客さんは心得ていますからね。総理は『いやあ、下町はいいねえ』とすっかりいいご機嫌で、帰りも表から帰りました。ここが佐藤栄作の部屋。それから3回見えました。普通、国会周辺でドジョウは食べられないでしょうから」

6代目と7代目

ほんと、議員室で出前で食べても楽しくないですよね。

ちょっと6代目が席を外した合間に7代目に。

渡辺隆史さんが今は社長で店を仕切っておられるのですね。

7代目「はい。厨房にも入りますし接客もします。でも若い女性の方がお客様は気持ちはいいでしょう（笑）。ドジョウは仕入れてからもうちで生かして、まあ2週間くらい、長くて1カ月なので、コロナが流行してお客様が見えなくても、仕入れ先に『戻していいか』とも聞けないし。『生きたまま隅田川に流しちゃえ』という冗談もあったんですが、それは川の生態系を乱すだろうと（笑）。それで花見時だったこともあり、ずっと閉めないできました。お客さんが『やっていてくれてありがとうね』とか『家にいると息が詰まってね』と喜んでくださるとこちらもうれしいです。地下を一時閉めたのは換気ができにくいからですね」

お父さんに似ておられますね。

「似てなかったらこまりますよ。親子だもの。僕は3人兄弟の長男で、妹が2人います。うちにも男の子がいるので、一応8代目は確保（笑）」

じゃ、お父さんはいまはなにを。

「どじょう汁だけ味を見ます。どじょう汁がしっかりしていればあとは大丈夫です」

5代目からは「江戸文化道場」を開き、2カ月にいっぺん、広く江戸文化を知らしめ、200回も続く。「講師の資格はうちのお客さんで、ドジョウが嫌いでないこと」。

「5代目の父は実は三男で、上の2人は商業学校（今の一橋）を出てビジネスに。父は大学にやってもらえず、府立三中（両国高校）から家を継ぎました。それがくやしくて、本当に研究熱心だったし、収集癖もあった。箸袋とか包装紙とか。ただお酒の飲み過ぎで、早く脳卒中で倒れて、長く病床にいました。母が苦労したと思います。それで私はあまり飲みません」と6代目。

縞の濃い紺の着流し、印伝の小袋、いなせな感じである。声が若々しい。「私はじつは安うまが好きなんですよ」と浅草の隠れた店を教えてくれた。

川松　◎鰻

ふわふわなところをはふはふいただく

台東区浅草1丁目4－1

浅草人は舌が肥えている。

浅草の鰻の蒲焼き一つとっても、たちどころに10は店の名が浮かぶ。前川、色川、初小川、小柳にやっこ、つるや、そして川松、まだまだある。「前川で隅田川を眺めてうな重がいい」「色川の親父さんは生粋の江戸っ子って感じ」「妹は初小川ファンですね」「小柳に行けばいいんじゃない?」といろんなアドバイスをいただいたが、「うちは家族で行くなら川松ね」という老舗の女将の一言が効いた。地元の人が入りやすく、普段使いにできる店はいいに違いない。

浅草雷門通り、めぬきの通りだ。遠くにアサヒビールのビルが見えるから方向はわかりやすい。雷門から10軒目ほど。そこで川松は5代続く。

入り口で女将の松澤希光子《きみこ》さんが迎えてくれる。気取ってもいないし、すっぴんにちかくて、カーディガンにスラックスという自然体で微笑む。1秒で気の合う人とわかった。

「この場所で140年前に創業したんです。初代は常作、2代目は宇多八、3代目が勝司、4代目が父の欣一です。その間に関東大震災、戦災で2回にわたって焼かれましたから、苦労の連続でした。私は戦後の昭和24（1949）年生まれ、そのころのことは知りませんが、ビルに建て直す前の店で祖父の勝司に抱かれていたのを思い出します」

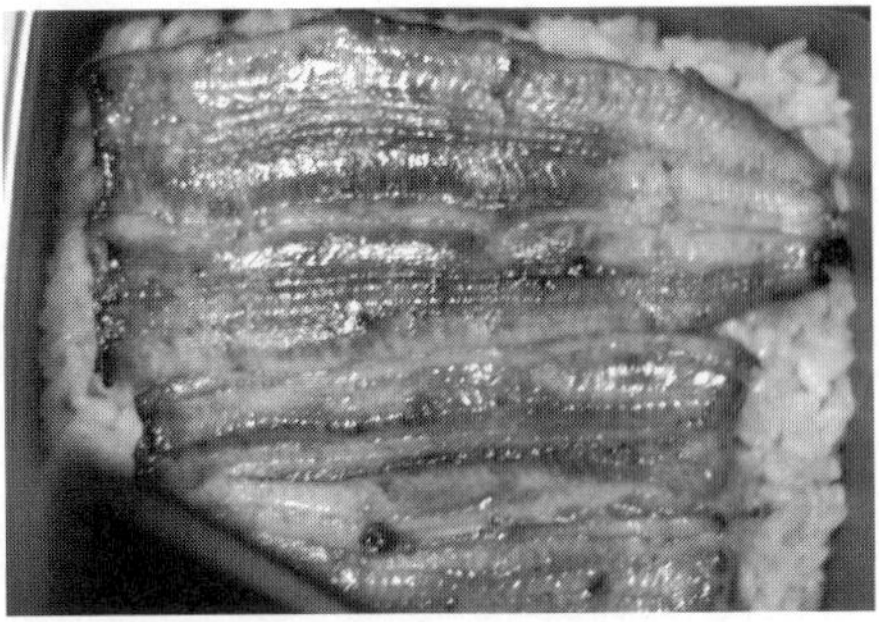
川松のうな重上

おじいさまはどんな方でしたか。写真ではいい男ですね。

「勝司は何でも九段の近衛歩兵第一連隊にいたみたいですよ。この人は養子で、おばあちゃんが一人娘だったので、茨城から養子に来ました。ウナギを割いたり、焼いたり、蒸したり、何でもできました。今、うちではウナギも食べたいけど、お刺身も、天ぷらも食べたいという方のために、鰻は半分で、柳川までついたコースが人気ですが、それは勝司の妻の名前を取って『富貴』、この人もよく働いた人なんですよ。もう一つのコースは祖父勝司の名前の下を取って『司』というのです」

その息子さんが父上の欣一さんですね
「はい。大正14（1925）年の生まれ、空襲の頃は豊橋（愛知県）の陸軍第二予備士官学校にいたそうです。帰ってきたら家は丸焼け、そこで戦後苦労したんですが、父もやはり、割き方、焼き方、何でもできましたね。本人は早稲田大学にも行きまして、浅草稲門を作りました」

今はビルですが、いつごろ建て直されたのでしょう。

「建て直す前は、2階建てで、2階も客席。家族は屋根裏部屋みたいなところで寝ていました。妹と二人姉妹ですが、二段ベッドでした。うちは34坪ばかりあるのですが、奥に抜けていません。だから仕入れたものを運び込むのも表からでそれが大変でした。母は隣にあった呉服屋の長女で、その父親が、娘の店をかわいそうだって、ちょっと横丁を間につけてくれましたが」

そうして、希光子さんが5代目を継がれたのは。

「私が36の時に、来月からおまえやれといわれて、びっくりしました。

5代目になった直後、ちょうど夏のほおずき市の日に、ボヤを出したことがあるんですね。ダクトの中に焼いている煙が入って火がついた。そのときはとにかく、お客様を誘導して、お勘定は結構ですので、今日はどうぞ、お帰りくださいと、声を限りに触れ回りました。これも毎年、ほおずき市になると思い出しますね。

何でも人生は試練だ。乗り越えなくてはならない、と思います。幸い人柄のいい職人が来て長くいてくれますので。父は7年前になくなりましたが、それでも90過ぎまで元気でしたし、母はまだおります。あとは娘ががんばってくれます」

コロナも試練と思いますが、その前はインバウンドで混み合ったでしょう。

「はい。たくさん来てくださいました。欧米の方、中国や台湾、香港、韓国の方。ただ、風習が違うから、たまに外国のお客様を見掛けると、日本人のお客様が、別の階にしてくれと言うこともありました。確かに、コースをひとつとって皆さんで分け合う外国の方もおられました。これもまた試練だと思って。せっかく外国に来たのでよい思い出を持って帰っていただきたいと精一杯

雷門通り沿いの川松

やってきたつもりです」

鰻はどこのを使っておられますか。

「昔は深川に親戚が鰻問屋をやっていて、そこから取っておりました。父は霞ヶ浦で天然の鰻が捕れたというと、それってんで、車をとばしたりしておりましたが。あそこのはものすごく太くて、〝ぼっか〟と呼んでいました。だんだん水が汚れたりして取れなくなりました。またどこが不漁になるかもしれないし、宮崎とか、鹿児島の大隅地区の養殖も取っています。これは空輸で、飛行機で飛んできまして、2日間井戸水に打たせておいて使います」

タレの味は店によってずいぶん違いますね。

「うちのは甘いか辛いかといったら、甘辛い方かもしれませんが、さっぱりしてますよ。百年も継ぎ足して、なんてことはありません」

鰻屋の多い浅草。みんな仲良く

浅草には鰻屋さんが多いですね。

「みんな仲いいですよ。東蒲《とうかば》の仲間です」

トーカバって、なんですか。

「東京鰻蒲焼商組合というのです。いまは日本橋の高嶋家さんが会長、青年部は銀座の竹《ちく》葉亭《ようてい》さんが会長です」

希光子さんは「浅草うまいもの会」の会長も務めた。ややこしいが、浅草にはうまいもの会、のれん会、槐《えんじゅ》の会と三つあり、あとの二つは飲食だけでなく、鞄や靴、草履などの老舗も含まれる。

「面白い人ばかり。神谷バーのなおちゃん、ときわ堂のくめちゃん、飯田屋のたっちゃん、龍昇亭西むらのあっちゃん、そんな風に呼び合って、私はいまだにきみちゃん、です。浅草はこの狭い中にたくさんの店があり、敵愾心《てきがいしん》を持つのでなく、みんなでよくなるしかない、というのが父の教えでした。父も絶対、よそのお店を悪く言うことはありませんでした」

希光子さんもそうである。「この並びのモンブランさんもお手頃でおいしくて人気ありますね」「うまいもんあづまさんにいったら、イケメンで商売熱心な4代目の若旦那に会えますよ」「常盤堂のご主人はサーファーで、見ればわかる浅草の有名人」「洋食ならリスボンのチャプスイというのが昭和っぽくていいかも」「釜飯はこの近くの江戸定さん、麻鳥さんもおいしいですよ。もうきりがありませんね」と自分の店のことより他店のPRに余念がない。

いよいよ運ばれてきたうな重の上。ご飯はそんなに多くはない。その上に乗ったふわふわに蒸された鰻。香りを吸い込み、はふはふといただく。途中で山椒を振ってまた一段と味が締まった。漬物は大根ときゅうり、そして肝吸。ほかにうざくや、評判のよい赤味噌で和《あ》えたぬたもいただく。菊正を熱燗で。久しぶりの外のお酒。袴の着いた徳利が古風だ。運んできた仲居さんが「長年勤めております。勤めやすいお店なんですよ」とのことだった。

フルーツパーラー ゴトー　◎フルーツパーラー

色とかたちにこだわる「今日のパフェ」

台東区浅草2丁目15－4

浅草のひさご通り。ほぼ、国際通りと並行した道。どんなに仲見世が人でいっぱいでも、このへんまでくると人通りが少なくなり、ややうらぶれた感があると子供心に思った。しかし、母の育った家はこの裏の国際通りと言問通りの交差点にあったのだった。

昭和20年3月10日、下町が米軍の空襲で燃えた日、みんなが川の方へ逃げるのと反対に、16歳の母は50をすぎた両親や隣組の人を率いて、観音様が守ってくださると境内に逃げた。そしてひょうたん池のほとりでヤツデの葉を水に浸し、お互いの体に着いた火の粉をはらって夜を明かした。「火と煙の中、ひさご通りを渡るのに腹ばいで20分かかったのよ」

私の家の前から浅草雷門行きのバスが出ている。これは西日暮里駅、宮地のロータリー、荒川区役所前、大関横町などを大回りして時間がかかるが、地下鉄の乗り換えは面倒だし、40分乗っていれば必ず浅草に着く。六区の一つ手前で降りると母の生家の辺りだ。

横丁を入るとひさご通り。米久でようこそご入来の太鼓を聞くのもいいが、その斜め前にフルーツパーラーゴトーがある。

　入り口に名前を書いてしばし待つ。やっと二人席が空いた。かすかに微笑んだおかみさん、というかパーラーだからママさんかな、ゆったりと席に案内してくれる。お水を持ってきて「お決まりになったらお声がけください」という挙措がなんともかんじいい。

　今日のパフェ。これにしよう。グラスの一番下に自家製の蜜、その上に自家製のアイス、きょうはリンゴ。その上にいろんなフルーツ。リンゴ、グレープフルーツ、オレンジ、メロン、バナナ、ブドウ、キウイ、パイナップル。何という美しさだ。まず一口、リンゴをかじって、その下の生クリームと口の中であわせる。スプーンでクリームを掘っていくとアイスに到達。そしたら今度はバナナにアイス。という風に、少しずつ味を変えながら季節のフルーツを楽しむ。

　都心でコーヒー一杯1000円のところもあるというのに、ほどよい量の、この950円のパフェの何というお得感。

今日のパフェ

お店の歴史をきくと、「主人に代わります」とママがいい、後藤浩一さんが出てこられた。

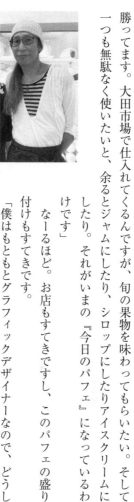

「開店は戦争直後です。メニューはなんでも1000円以内で収めたい、という気持ちが勝ってます。大田市場で仕入れてくるんですが、旬の果物を味わってもらいたい。そして一つも無駄なく使いたいと、余るとジャムにしたり、シロップにしたりアイスクリームにしたり。それがいまの『今日のパフェ』になっているわけです」

後藤節子さんと浩一さん

なーるほど。お店もすてきですし、このパフェの盛り付けもすてきです。

「僕はもともとグラフィックデザイナーなので、どうしても色や形にこだわっちゃって。なかなか店をビジネスとして考えられません。でもブドウのルビーロマンなどは一粒1000円もして一房買うと何万円もします。それを入れたパフェは2200円のもあります。北海道や秋田からのお客様も見えますね。果物は土地によって旬が違いますから」という。男性のお一人様がうれしそうにパフェを食べていた。近所の長い常連のお客も多い。

昭和38年生まれというが、長い髪に帽子をかぶりかっこいい。

「かみさんは浦和の人。そして息子夫婦とやっていますが、店の歴史は母の方が詳しいから」ということで、こんどはお母さんの節子さんが2階からおでまし。これまたきれいなブラウスに金縁のめがねを掛けておしゃれだ。

「今日は少し暇だからもう上がって休んでいました。

店を始めたのは私の舅に当たる後藤静三で、昭和21年のことですね。この辺は焼け野原で、そこで果物屋を始めたんです。元々は親戚筋の天ぷらや江戸っ子を手伝ってたんですが、果物がすきで憧れて。その妻のあさは92まで元気でしたが、しずかなやさしいおばあちゃんで、私は嫁としての苦労はしたことない。

その息子が主人ですが、昭和58年に亡くなりましたから、私が後を引き継いだの。私は人形町の生まれですが、主人の妹と都立竹台高校で一緒だったんです。竹台高校は当時、名前の通り、上野の山の竹の台にあったんですが、今は日暮里に越しました。

果物屋を始めたのが昭和34年で、主人は銀座の千疋屋さんに憧れて、どうにかあんな店をやってみたいものだと。母の兄がフランス料理のコックさんでデザートにも詳しかったので教わって」

「八百屋が漬物を売るようなものでしょう」と浩一さん。

昭和50年頃からはスーパーが出来はじめ、ますます果物屋では立ちゆかなくなった。

「浅草に来る人はほぼ、雷門あたりで遊んで帰り、ひさご通りまで来る人はいません。むかしはちょっとこわいようなところだったでしょう」

たしかに。なんか藤棚がありませんでした。

「あれはひとすじこっち。銭湯の蛇骨湯はもうありません。昔は連れ込み宿もあって、街娼も立ってましたよ。ここに人が来るようになったのは、スカイツリーができ、つくばエクスプレスが通り、伝法院のところにホッピー通りができて人がどっと繰り出したので、その流れで観音裏にも人が出るようになりました」

浩一さんは気さくに、自分の行く浅草の店、好きな浅草のことを語り続けてくれた。初めて来たのに、ずっと長い友達のような気がした。

また母を連れて近々来たい。

3.
本郷

明治時代に建った木造３階建ての学生宿＝文京区本郷６丁目
1982（昭和57）年　©朝日新聞社

本郷は家から近いが盛り場とはいえない。片側は東京大学だ。緑濃い銀杏並木が、キャンパスの緑と混じり、赤い煉瓦塀、そこにきいろい都電が通る昭和の景色は美しかった。反対側にはいわゆる看板建築という小さな商店が並んでいたのに、今は次々消えた。

小学校の同級生、本郷郵便局の横手の内海くんちが鍋焼きうどんやさんで、夏は氷、冬は汁粉を食べさせるようなお店だったがいまはない。いまもある「もり川食堂」は明治時代創業で、学生向けの定食屋だが、お昼時さえ外せば、ビールを飲みながら話をしても大丈夫。

入り口の万定フルーツパーラーも、近江屋洋菓子店も、明月堂のパン屋、学生を誘っても懐が痛まなかった居酒屋やきとり白糸もなくなった。明治から続く牛鍋屋、江知勝も廃業した。もちろん、店主の高齢化や後継者不足にもよるが、だからこそ今、頑張って開けてくれているお店はできるだけ応援したい。

こころ ◎喫茶
東大闘争では学生も私服刑事も来た

文京区本郷6丁目18－11

その一つが正門前の「こころ」、昭和31（1956）年創業、夏目漱石の小説から名前をとった。店主の阿部みつ子さん。

「うちの亭主は昨年（2020年）85歳で亡くなったのですが、そもそもはその姉の寿美子とうちの主人で始めた店なんです。最初は主人は入り口の近くでトリスバーをやっていました。店のインテリアにもその跡が残っています。書くことをしませんでしたが、とにかく記憶はいい人で、この辺のこと、どこにどんな店があって、どんな人がやっているか、なんでも知っていたのにね」

それは残念。いつ嫁いでいらしたのですか。

「1968年、東大闘争で大騒ぎのころでした。全共闘の幹部の皆さんもここを根城にして会議をしたり、連絡係が出たり入ったり、私服の刑事さんも来ました。すぐわかるのよ。構内がロックアウトなので、教室が使えずに、2階で医学部の学生さんたちが10人くらい

喫茶こころ

で自主ゼミをやっていましたね。

また職員の方たちも何かあったときのために構内に寝泊まりしていたので、注文のおにぎりを何百と握って木箱に入れて門の下から届けたり、コーヒーも何十杯と注文があって、あのころが一番、商売は良かったかもしれない。

私は群馬の館林の出身ですが、ここに来たころ、家には姑と、弟、妹、みんないて仕事も手伝ってくれました。うちの姑は仕事はしない人でしたが、東大に顔はきいたんですよ。姉は商売が好きで、うちの子供もかわいがって、お風呂に入れたり寝かしつけたりしてくれた。でも東大の外科の医師と結婚して、房総の亀田総合病院に赴任したので、付いて行ってしまった。あとは主人と私で半世紀はやってきたのよね」

この周りには修学旅行の旅館も多かったですよね。

「そう、朝は旅館のご主人たちのたまり場でした。交通公社の人と打ち合わせしたりね。旅館のご主人同士で情報交換したり」

その後、義理の妹を8年、姑の介護もしたみつ子さん、腰を痛めたのでいまは次男が手伝っている。ウインナご飯というのが人気、添えられた目玉焼きはハート形。店が「こころ」だから。

「姜尚中《カンサンジュン》先生はここでよく打ち合わせをしておられました。内山節先生は立教で教えてらしたけど、うちを会場に勉強会をなさっており、今も月に2、3度は見えますね。昭和の喫茶店ということで2階をロケに貸して欲しいという申し込みは多いのですが、コロナになってからはお断りしています」

本当に、レザーの椅子といい、照明、壁の飾り、なんとも懐かしいのだ。

レザーの椅子、目の前は東大

ルオー　◎喫茶
テーブルも椅子も60年の年季、セイロンカレーも変わらず

文京区本郷6丁目1－14

喫茶ルオー

その近くの棚沢書店、ドイツ語の本の郁文堂は懐かしい。赤門の方へ歩くと、パレットの看板がぶら下がる「ルオー」。今は若い方が厨房にいる。

「元々は本郷三丁目近くで、1952年から森田賢《けん》という方が始めました。ご自分も画家なのですが、コレクターでした。画廊喫茶をやっていた。来るお客にコーヒーを出していたのから始まり、一時は120席もの広い店でした」

私が学生時代に来たのはそのお店です。あちこちの机でいくつもの研究会が行われていました。

「森田さんが絵を描くのに専心したいとおっしゃり、私の父山下淳一が、ルオーの看板を譲っていただいて、赤門の近くに移転したんです。それが1980年くらいです。母がホ

ールをやっていました。父も70代になりまして、大病もしたものですから。でも午前中は店にいて、外の植木に水をやったりして、よく町の皆さんと立ち話しているようです」と息子の栄介さん。

今使っているテーブルや椅子も初代の店のものだからもう60年近く。椅子の背にはコーヒーカップ型の穴が空いている。

セイロンカレー

「昔の東大生は堅いまじめな感じの方が多かったのですが、今は雰囲気が変わりました。午前中はお子さん連れのお母さんも多いし」

セイロンカレーの味も変わりませんか?

「はい、レシピを父に教わって、なるべく変えないように、頑張っているつもりです」

大きな肉が二つ。付け合わせのらっきょうと福神漬もおいしい。小さなデミタスカップのコーヒーがついて900円。

「今は50席ほどですね。以前は東大で学会があると出前の注文が何十とあったものですが、それもコロナでズームになってなくなりましたし」

そうはいっても、ちらほらと東大生や、先生方などが来ているようだった。若主人は誰にでも親切に接していた。

壁にはルオーの複製画。「元の持ち主は本物も持っていたようですが、もし本物なら警備員を立たせなければいけません」。そう爽やかな店主は笑って、ルオーの絵のついたマッチ箱をくれた。

麦　◎喫茶
「本郷のベートーベン」が創った名曲喫茶

文京区本郷2丁目39－5

本郷3丁目へゆく道の左側の地下にある名曲喫茶「麦」。

私たちの地域雑誌「谷根千」を長らく置いてくださったお店である。階段を下りていくと、右と左に席が分かれている。常連さんだろうか、「お客さん、お2人」と店の人に声をかけてくれた。ここもなんとも昭和の雰囲気。手が空いたご主人の生沢直広《いけざわなおひろ》さんがお話をしてくれる。

「河田宏という人が始めたんです。1964年創業。あの人は本郷生まれだけど、浦和の方に疎開していて、そこで昭和何年かな、お姉さんが『麦』という喫茶店をやっていて、弟に『本郷でやりな』と言ったらしいです。僕としてはアンドレ・ジイドの『一粒の麦、もし死なずば』ならかっこいいと思うのですが、河田さんによれば、シューベルトの交響曲『未完成』の映画で恋人たちが麦畑でデートするのがヒントだと。河田さんはもともと御徒町辺りの出身ですが、早稲田の文学部を出て、『丸《まる》』という雑誌に勤めていた。本郷のベートーベンと言われた名物男でした」

どうやって出会ったんですか。

「僕、昭和23（1948）年生まれですが、今はない（都立）城北高校にいて、その頃からここに入り浸っていました。優しい人でね。もう閉店時間なのに、僕らがいると、『喋りたいだけ喋りなさい。ここにある酒でもなんでも好きなだけ飲んでいい』と言ってポンと鍵を渡してくれました。

マスターの生沢直広さん

僕は親鸞に興味を持って京都の龍谷大学に行って大学院まで行きました。でも企業に就職する気なんてさらさらなかった。昭和45年くらいかな、そのまま東京に直帰して、ここにきてアルバイトになって、30年があっというまに経ちました。さすがに河田さんが年を取られて、あとをやらないか、というので。河田さんは日本の近現代史の本を何冊も書かれましたよ。今は90歳で浦和にいます」

河田さんが大好きなんですね。

「大好き。お嫁さんにしてもらいたいぐらい。それほど惚れました。この人もアルバイトだったので一緒になって、これまた私の愛する妻です」

昔は三分の二が東大生。今は半分が東大関係、半分は会社員とか、毎日来る近所の常連さんもいる。

「おかげさまでランチ時分は混みますね。それと、スパゲティナポリタン、雑誌やテレビで見て、あればかり注文される。それと河田さんの弟が有名なパティシエの河田勝彦さんなんですが、その人がレシピを作ってくれたプリン。名物なんですが、これが失敗しなかった例しはありません。〝す〟が入って、東大生にスプリンなんて言われてね。一回に24個蒸すのですが、一日70個出たことがあります」

コロナになってからどうですか。

「麦」のアンプ

「え〜、まあ売り上げは落ちましたが、前は忙しすぎたのでね。仕事が面白くてたまんなかったから日曜もやってたし。でも、年でもあるし、今ぐらいがちょうどいいかな。息子が手伝ってくれて、家族経営だからやっていけるのでしょう」
音楽は今はCDで流す。それも会話ができるくらいのかすかな音量。聞け、という感じの大音響ではない。正面のピアニストの写真はリパッティ。

「最初のころはLPでしたね。1964年開業ですからもうSPの時代ではなかった。私自身の趣味は、その右奥にある古九谷です。妻は絵が好きで、壁のはじにあるのは彼女の絵です」

融通無碍《ゆうずうむげ》で自由な感じの話しぶり。またいつでも来たい。

本郷の喫茶店のご主人たちは、優しく、自由で、楽しい方々で、これは本郷の文化である。それが変わらず続いていて私はちょっとホッとしたのであった。

4. 神田・神保町

1955（昭和30）年創業の喫茶さぼうる＝千代田区神田神保町１丁目

小学校の時から、東京駅北口行きのバスに乗れば、御茶ノ水駅。神田川の風景はなつかしい。橋からは山田守のモダニズムの名作、聖橋《ひじりばし》が見える。御茶ノ水駅は最近まで平屋建ての駅だった。そこから駿河台下へ下っていき、私は下倉楽器店でピアノや声楽の楽譜を買ったり、指揮者になりたくて指揮棒やスコアを買ったこともある。母のいとこがバイオリニストを諦めてバイオリン作りになり、下倉のバイオリン部門に勤めていた。

さらに下がるとＹＷＣＡで、ここで私は水泳を覚えた。そのころはまだヴォーリズの設計による古いビルで、泳いだあと、ここの食堂の「ブラマンジェ」という白いコンスターチで固めたお菓子を食べるのが楽しみだった。さらに坂をおりると左側に主婦の友社があり、そこの購買部では当時としては珍しい家庭用品を売っていた。コーヒーミル、コショウ挽き、クリームの泡立て器、サラダ菜の水切り器などを買った。

駿河台下には三省堂があって、小学生の時にはものすごく広く感じたものだ。ドリルを買ったり、等高線沿いに切って重ねて山の模型を作るとか、家の窓をステンドグラスにできるシートとか、本よりも工作に熱中した。

私が中学3年生の頃、日大、明大、中大などがある辺りは神田カルチェラタンとよばれ、学生運動が激しかった。そのころお茶の水橋の上で家に帰る荒川土手行きのバスを待っていて、催涙弾発射に巻き込まれ、目が痛くてしかたなかったことがある。

神田川流れ流れて今はもうカルチェラタンを恋うことも無き　道浦母都子

そんなわけで、神田は懐かしい。ことに連雀町、須田町、多町《たちょう》は古いお店が残っている。蕎麦の「まつや」。明治24（1891）年創業の鳥鍋「ぼたん」、先々代は鉱物学者だったときいた。アンコウ鍋の「いせ源」、汁粉の「竹むら」。これらは東京都選定の歴史的建造物に選定されており、今は千代田区の景観まちづくり重要物件にも指定されている。

すずらん通りの餃子の名店「スヰート・ポーヅ」がなくなったのがさみしい。

竹むら　◎甘味

あんこも自前、グラニュー糖であっさりと

千代田区神田須田町1丁目19

神田の靖国通りを入ったところにいくつか古いお店が残っている。

中でも甘味やの竹むらは気軽にふらりと入れるお店だ。といっても、仕込みに忙しいご主人と話したことはない。日月祝日は休みと聞き、月曜の夕方にお邪魔した。涼しげな和風の3階建て、入り口にアオキが植えてあった。

「私は戦後の昭和23（1948）年の生まれで、堀田正昭と申します。うちの母が藪そばの先々代の長女でした。父堀田勇雄は明治39（1906）年生まれで婿に入ったのですが、元は水戸の出身です。どういうわけか知らないけど、紹介する人があってお見合いしたんでしょう。

本当にガンコ一徹な水戸っぽでした。父以外の兄弟はみんな県庁とかお役人の家なんですよ。甘いものが好きだったので、昭和8年にここで始めたんです。この建物はその時のままです。佐久間町の佐々木さんという棟梁が建てたものと聞いています。1階がいっぱ

いになると2階にご案内するんですが、今はほとんどありませんね。昔は家族はこの3階に住んでいました」

天井板も柾目《まさ》で美しい。窓ガラスは貴重な結霜《けっそう》ガラス。

「そうなんです。これが割れると同じものは見つからない。大工さんもみんないなくなっちゃって、壊れたらたいへんです。何年か前、床は掘ってやり直しました」

小さな石が敷き詰められているすばらしい床だ。

竹むらの屋号は。竹の模様の暖簾がかかっていますね。

「竹のようにお店もすくすく伸びるようにと。それと父が本郷の和菓子店藤むらさんで修業したから下の一字をいただいて」

お父様のころとメニューは変わりないんですか。

「はい。大豆は北海道から仕入れて自分で煮てあんこをつくってます。あんみつの豆も。あんずも自分で煮ています。砂糖はグラニュー糖の方があっさりしているので。このところ、3回も仕入れが変わったんですよ。できるだけ個人業者と長いおつきあいを願っているんですが。小豆も一時不足しがちな時がありました。その時も長いつきあいがあれば、これは竹むらさんの分、といって何袋も取っておいてくれる。ありがたいことです」

和風3階建ての竹むら

揚げまんじゅうと粟ぜんざい

じゃあ、ご主人はほぼ、お店の客席には出てこられないのですか。

「はい。裏で仕込みばかりです。父が初代で、そのあと兄が2代目を継ぎましたが、兄は経理一本やりで、私が19の歳から作っていたんです。私も小石川の千代田長崎だんごさんで住み込みで修業しました。上下関係とか礼儀とかいろんなことを教わりました。上の人が絶対なんですよ。朝飯も最後だと、もう味噌汁に具なんかないです。いい勉強になりました。今はお店の方はパートさん、アルバイトさんにお任せで。でもなんだか甘いものが好きな人ばかり集まってきて」

とても親切で爽やかな応対です。それと揚げまんじゅうのお土産を買いに来る方が結構多いですね。店の中で静かに待っておられます。

「本当はお店で揚げたてを召し上がっていただくのが一番なんですが。あれは昔、硬くなった饅頭をあげたら食べられるというリサイクルが基本です。どこが最初かわかりませんが、浅草とか目黒にもあるようですね。使うのはごま油、衣は天ぷらの衣と同じです」

栗ぜんざいもあっさりしておいしいです。

「栗はもち栗を使っています。それを蒸して丸めて餡で包む。一人で二つ召し上がる方もいます。揚げまんじゅうと並んで人気の双璧です」

主人の堀田正昭さん

最初に桜湯を出していただくのがめずらしくて、嬉しくて。

「お客様との出会いはおめでたいことなので、桜湯で歓迎してるつもりです。秋から春はお出しして、夏は暑いですから冷たいお水。そろそろ梅雨入りして蒸し蒸ししてきたから、夏のメニューに変えます。かき氷とか、冷やし白玉あずきとか。

その年の陽気に合わせて変える時期はまちまちで」

確かに、こんな陽気だとクリームソーダが飲みたくなります。ご主人は子供の頃は。

「やんちゃで外で遊ぶのが大好きでした。この先にけっこう大きな広場があって、缶蹴りとかボール投げとか、なんでも遊んでいました。小学校は淡路小学校、今のワテラスのところ。中学は練成中学校、どちらも人口減で廃校になりました。子供の頃、この辺は木造の家ばかりで、金魚売りや豆腐売り、ラオ屋さんなんか来てましたね。夕方になると新内流しも流していたなあ」

休みの時はどうしておられます。ご趣味とかあるのですか。

「う〜ん、仕事が趣味ですね。小学校の時から父親に、『おい、手を貸してくれ』と言われて手伝ってきたので。まあ年なのでそろそろ立ち仕事は大変、ゆったり仕事をしようと。仕事は好きですよ。お客様がおいしいと言ってくださるのが楽しみです」

娘2人しかいないので、後のことを考えると頭がいたい、と言いながら、正昭さんは最後まで丁寧でさっぱりしていた。材料の厳選、仕込みの手間を考えると、全く正直な値段のお店だと思う。

ショパン　◎喫茶

濃いコーヒーに、あんこ入りホットサンド「アンプレス」

千代田区神田須田町1丁目19－9

神田の藪そばの前に、ショパンという小さな喫茶店がある。入り口にはグランドピアノの木のレリーフ。ドアを押すと、ショパンのピアノ曲のやさしい音が身を包む。室内は暗く、奥にすばらしい木の棚、「CHOPIN」とローマ字の入ったステンドグラス。

久しぶりに訪れると、「ママは2階にいます」というので階段を上っていった。昼下がりにもお客様は多い。素敵なバラ模様のエプロンをかけた、ほっそりした店主、岡本由紀子さん。

「うちは昭和8（1933）年創業で、その時は今のまつやさんの並びの、いまのりそな銀行のところにありました。夫の母、岡本志げが始めた店です」

その当時、「ショパン」なんてオシャレな名前をつけたのですね。

「姑は浅草の小豆問屋の育ちでハイカラな人でした。結婚した人とそりが合わず、あの頃、離婚して子供2人抱えて、実家の兄の支援でここに喫茶店を持ち自立したんです。当時としてはすごいことですね。そのころ、神田には1、2軒しか本格的なコーヒーを飲ませる店はなかったといいます。きっぷがいいから繁盛したようですよ」

ショパンのレコードを買い集め、蓄音機で聞かせたので、中央大学、明治大学などの学生がよく来た。世話好きで、学生たちに慕われた。

由紀子さんはいつ嫁いでいらしたのですか。

「昭和35年です。私は神戸生まれで御影《みかげ》小学校卒業です。22でここに来ました。気性の激しい、しっかり者のお母さんだったので、うちの主人は35まで結婚できなかった。私の親戚が東京でここに出入りしていて、紹介されたんです。私の方も母を亡くして、後添えの母もいたので、いつまでも実家にいるわけにもいかなくて、思いきって東京へ行ってみようって。主人はなんでも親を第一にする人で、私は苦労しました。姑はやることなんでも早いから、なかなかついていけませんでした」

あんた、よくこんなとこへ嫁に来たわね、と人に言われたこともある。直截ないいかたの中に同情が透けて見える、そんな神田っ子の気質を飲み込むのに時間がかかった。

「なかなか東京の言葉に馴れなかったですね」

アンプレスとコーヒー

その当時とはこの辺、変わりましたか?

「そうね、来た頃はこの辺、生地問屋さんが多い街でしたよ。ホットケーキの万惣さんもなくなったし。ずいぶん変わりました。主人の姉は美容師で、この2階で『美容室ショパン』をやっていて、カットが上手なので宮家のお出入りでした」

コーヒーはかなり濃いですね。

「創業時のままです。ブラジルとグアテマラとモカをブレンドして、濃いめに出しています。アイスコーヒーもこの濃いのに砂糖を入れて、これじゃなくちゃダメだと毎日のように飲みに来られる方がいます。昼はサンドイッチとかホットサンドとか軽いものだけお出しして。数年前にマツコ・デラックスさんがうちのアンプレスをテレビで紹介してくださったので、スマホを見て今でも来る方がいますね」

　アンプレスはお客のリクエストで始まったもので、ホットサンドの真ん中にあんこを挟み、プレスする。トーストのこんがりした歯ざわり、やや塩もきいて、なんともおいしいものだった。

　由紀子さんは「私、案外ミーハーなもんですから」と芳名帳を出された。そこには、柄本明、奥田瑛二、安藤サクラ……とあった。「ご一族で見えたんですよ」

　もう90年も続いているんですね。

「娘と息子がいるんですが、息子があと数年で継ぐと言ってくれているので、それまで頑張らなくちゃ。健康が第一です」

　朝、7時には店に来て、豆のブレンドからやっている。お昼時は2階に上がり、また混雑がおさまると2階を閉めて階下に戻るという毎日。階下は長く勤める男性と、若い女性のコンビで回す。大きなラタンの椅子に赤いクッション、その腕のところはお客がさするのか、かなり磨き込んだ飴色になっている。

　須田町には、生地やが並んでいて、夏の前に母に連れられて生地やに行き「これがいい」と選ぶと母がそれで服を作ってくれた。「夏の子供服」とかいう本を見ながら。その帰りに万惣という果物屋でホットケーキを食べるのが楽しみだったがいまはない。万世橋だけが変わらない。近くで鰻なら「きくかわ」がおいしい。

子供が小さなころ、休日によく遊んだ交通博物館が大宮に越したのは寂しい。

新世界菜館　◎中華料理
味の基本は母のもてなし手料理

千代田区神田神保町2丁目2

神田神保町は新橋田村町と並んで、中国料理発祥の地と言われている。清国時代に日本への留学生は神田あたりに下宿し、「東亜高等予備学校」で学び、「中華青年会」にたむろしていた。大正6年に天津から来た周恩来の「19歳の東京日記」というのがあり、そこには漢陽樓、維新號、第一楼、源順號、会芳楼という五つの中華料理店が出てくる。このうち漢陽樓は元は今のすずらん通りにあったが、駿河台の坂下に近い富士見坂に現存する。維新號は銀座8丁目に移転した。後に首相となり、田中角栄とともに日中共同声明を出した周恩来は、一高と高等師範学校の受験に失敗し、失意のうちに帰国した。

神保町の駅を地上に出ると斜め左に新世界菜館の看板が目に入る。これがビルだらけで方向がわかりにくい神保町交差点で、私の目標の一つになっている。そして通時営業でランチがいつでも食べられる。午後3時でも4時でも、打ち合わせや仕事にけりがついた時に、たくさんのメニューの中から選べるというのが、嬉しい。湯麺もあれば、焼きそばもある。おかゆもあれば、人気のカレーライスもある。2品の料理にご飯、スープやザーサイのついた今日の定食もある。私は大体、アッサリした高菜や椎茸の麺、この湯の味の奥深さがいい。

「そう言ってくださると嬉しい。麺は湯が命です。うちはランチのために作り、夜はまた作り直す。1日2回、スープを取っているんです」と傅健興《フウケンコウ》会長。10年前、お店でお会いした時と全く変わっていなかった。

お父様の代で日本に来られたのですか。

傅健興会長

「うちの開店は戦後の昭和21（1946）年。父・傅寶順は戦前に日本に来ました。元々は寧波《ニンポー》の貧しい家で、日本に来て雑貨商などから身を起こし、中華料理をやるようになったんです。うちの前っ側は北向きで、古本屋をやるにはいい。本が陽に焼けないから。反対にこちら側には古書店はありません。僕が子供の頃はパチンコ屋とかクリーニング屋が並ぶ本当の下町でした」

幼少期の健興さん

寧波にはいったことがあります。麻雀発祥の地なんですってね。

「そうです。麻雀博物館もあります。神田のこの辺、寧波出身の人が多いんですよね。

昭和21年に姉が生まれ、僕は22年、まさにベビーブーマーで、錦華幼稚園から小学校は中華学校です。中国語が学べたのは良かったです。一橋中学に行ったら72人の12クラス。それで、高校から東海大学の付属に行きました。子供の頃は建築家になりたかった。大学では当時、草創期のコンピューターを学んだ。その頃のコンピューターはバカでかかったですよ。でも、3年でほとんどの単位を取って、やっぱり料理もいいなと。父は経営者でしたが、料理はしません」

そうすると味の基本は？

「母の傅菜蓮。料理がうまかった。その料理で僕らは育ったんです。中国では一番のおもてなしは外でご馳走するのでなく、家に招いて手作りでおいしいものを食べさせる。家にもよく同郷人が来て、母は彼らのために料理を作っていました。僕はそういう家庭的な店を作りたかった」

それでコンピューターからお料理の方に転換されたんですね。

「取り残した単位があと1つだけだったので、大学4年目には銀座にもある揚子江菜館でアルバイトをしました」

新世界菜館ビル

神田の揚子江菜館は明治39（1906）年の創業ですね。冷やし中華発祥の地とか。

「先々代にはとにかくおせわになりました。それから銀座大飯店で4年。ここは宴会が毎日50卓入るようなところです。そこで賄いをやらせてもらって。山王飯店で3年、料理人になるなら帝国ホテルの料理長を目指そうと。ま、これはタイミングの問題で叶いませんでしたが。自由が丘の南国飯店にも1年いましたね。これもいいお店でした。

それで1974年、28歳の時にいきなり、借金背負ってここを8階建てのビルにした。バカじゃないか、何やってるんだ、とみんなに散々言われましたよ。本当に最初6年、全く客が来なかった。地下に麻雀屋を開いて、その上がりでかつかつ食ってたんです」

ワイン、紹興酒、上海蟹で繁盛

どうして今のような繁盛店になったんでしょう。

「私がワインの勉強をして、料理に合うワインを出すようになったからですね。6年目です。ワインを探求する中でソムリエとかいろんな方と出会えました。それから紹興酒、上海蟹に気を入れた。一度、国賓待遇だった方がお土産にもらった紹興酒を数十人のパーティーで開けたら、大きな部屋じゅうになんとも言えない芳香が漂った。紹興酒ってなんてスゴイものなんだ、と思い知らされて、そのあと随分本物の紹興酒を探してあちこち旅をしました」

秋になると毎年、上海蟹のご案内をいただきます。

「上海蟹はもくずガニで、確かに日本にはおいしいタラバもある、毛ガニもあるし、花咲蟹もある。上海蟹は小さい。しかし、あの味噌だけはねっとりして日本のものよりおいしいんです。もちろん、いろんな料理のしかたがあります。

今は中国に会社を作って、自前の上海蟹の養殖場と大越という紹興酒の工場、大越紹興酒を持っています。中国人相手の商売は大変ですが、たまたま親戚筋の人があちらにいるので助かっています」

もう一つ、咸亨《カンキョウ》酒店というのを経営しておられますね。入り口に柳のある。

上海蟹料理

「それが、柳が枯れちゃって、今2代目を植えています。これもコースの宴会料理と言うよりも寧波の家庭料理を気軽に味わっていただきたいと思って。店名は紹興という町にある実際の料理店、魯迅の小説にも出てきますし、もちろん魯迅も通った店ですが、いい雰囲気なんですよ」

あ、私も行ったことがあります。中庭に大きな紹興酒の甕がいくつも置いてあって。お茶碗みたいなので紹興酒をいただきました。

「その後、中国ではフランチャイズ展開して、なんだか雰囲気が変わってしまったんですが。だから私は大きくすることはしない。あくまで神保町という街を大事に、ここで商売をしたいんです」

四半世紀前、ある編集者が、「連載中、お子さんたちにお世話になったので」と新世界菜館の個室で、子供3人にご馳走してくださった。「なんでも頼んでください」と言われたその時のナスの料理が忘れられない。絶品でした。

「それは嬉しいお話です。広く言えば上海料理ですね。うちは素材を生かし、あまり香辛料を使いすぎない、あっさりした料理を目指しています。唐辛子だって、インド経由で入ったのは遅い。麻婆豆腐だって200年の歴史はないんですから」

五つ違いの弟傅永興さんが社長。兄弟とも、子供と孫がたくさんいて、後継者はたくさんいそうだ。これからはまちづくりをやりたいと傅さんは言う。「神保町を元気にする会」に古本屋、蕎麦屋、中華料理屋など様々な職種の若手が参加しているのを応援している。そればかりか傅健興さんは自分のルーツである寧波旅日同郷会の理事長、東京中華学校の理事も務めている。

源来酒家 ◎中華料理
父親譲りの寧波料理に工夫を加えて

千代田区神田神保町3丁目3

神保町交差点から九段下の方へ向かって歩くと、左側に源来酒家という寧波料理の店がある。実は神田っ子の某社担当編集者が、ご主人と同級生なので、たまに行く。昼のランチ、ディナーの定食もあり、アラカルトでなんでも頼めるお店だ。新世界菜館、漢陽楼と並ぶ神田の名店といってよい。こちらのご主人も傅登華さん。

「新世界菜館さんで聞きませんでしたか。うちの父とあちらの会長は母違いではありますが兄弟で、息子さんと私はいとこなんですよ」

えーっ、そうなんですか。

傅寶順氏が寧波から日本へ来た。その長男が源来酒家の先代の傅寧興さんだ。

「父は昭和8(1933)年生まれで、戦前に父親と一緒に日本に来ました。終戦が12歳です。そのくらいから父の手伝いをしたのではないかな。父は長男で自立したのも早かった。最初に開いた店は源来軒といって、今のみずほ銀行のところにありました。といっても、銀行の地下に降りていく入り口のあたりだけ、20坪もないような店です。その頃、麻雀屋が多くて、あちこちに出前してたらしい。専修大学の学生もよく来てた。空手部とか、自動車部とか、かつての学生さんが今も見えますよ」

そのあと「梅の湯」の近くに移り、今のところに越したのは20年前。

「うちの料理は父譲りで、例えばこの厚揚げと鶏肉とピーマンの炒めは昭和33年以来の味です。というのは、昭和33年からずっと同じ豆腐屋さんからとっているんです。生麩とタケノコの寧波風。これも古いね。生麩を築地の角山本店から仕入れ、茹でて、揚げて、水の中で揉んでから味をつけるという手間がかかるものです。ちょっと味見してみる?」

住友商事が竹橋にあったころ、この料理が好きな社員がいた。その人は社長、会長になってからもこれを食べに来たという。いつも店に来ると、白衣を着た先代が客席に現れ、これおいしいよ、とか、こうやって食べるんだよ、とか教えてくれたものだった。取材に協力したいと主人は何度も電話をかけてくれたのだが、コロナの中で、高齢の先代に無理をお願いするわけにもいかない。

「あのころ、本当に忙しかった。親父が膝の裏に竹を挟んで、てこの原理を応用して、麺を伸ばしていたのも思い出します。麺も自分とこで打ってたんだね。餃子の皮を伸ばして、すごい数の皮に肉あんを包んでいた。正月になると中華のおせちを作ってね。父は料理、下処理や後始末はみんな僕たち。もうあんな忙しい思いをしたくないから、僕はやりません」

どうしてあとを継いだんですか？

「僕は末っ子で、兄と姉は逃げた（笑）。四谷の台湾系の中華学校に通いました。他の科目は同じだったけど、中国語があった。3年までは日本語を話してもいいんだけど、4年からは中国語だけ。日本語を話すと罰金10円取られて、それを集めて運動具とか買ってた。

棒で叩かれたこともあったけど、まあ楽しい学校でしたよ。あの頃は結婚式でもどこに行っても、ホームラン王の王貞治さんが来ておられましたね。お兄さんのクリニックが神田駅の方にあって、みんなそこに行きましたね。

大学は立教です。そして結婚したい人ができ

厚揚げと鶏肉とピーマンの炒めや、生麩とタケノコの寧波風など

たとき、親に相談したら、許すが代わりに店を継げ、と。当時は華僑が日本人を妻にするなんて考えられない時代でした。今じゃ考えられないね」

22歳で結婚、その後六本木の中国飯店、瀬里奈、大阪のニューオータニで修業。

「倒れるほど仕事したけど、いい勉強になりましたね。中国語はNHKでも勉強したし、日中友好協会でも勉強した。言葉ができると先輩の中国人のコックさんがかわいがってくれたもんです」

お店のスタッフとの会話はすべて中国語、なんだか、旅行したような気分になる。

私が好きな料理は他に干し豆腐と香菜のサラダ、ジャガイモの前菜、チーズの入ったしるなし麻婆麵、鯛のおかゆ、おこげ料理と数多い。この麻婆麵が一番人気で、メディアでも取り上げられ、「今日もランチで100個出ましたよ」。

今の料理長は何《か》さんである。予約すればいただける里芋のスープが絶品。料理はハーフサイズもある（といっても結構な量）。そして最後に杏仁豆腐を頼むと、その上に、福、愛、豊、智など、縁起の良い文字がイチゴシロップで書いてある。友達をここに招くと、誰がどの文字をもらうか、みんなでじゃんけんしたりするのがまた楽しい。

さぼうる ◎喫茶

「ふるいものは、あとから価値が出てくる」

千代田区神田神保町1丁目－11

神保町は毎週のように行く町だ。そのとき、都営地下鉄のA7の出口を出るので、出たところに木造りの喫茶店さぼうるとその隣にランチも食べられるさぼうる2がある。私が編集者との打ち合わせによく使ってきたのはさぼうるの方で、入り口のトーテムポールの脇にいつも鈴木文雄さんがたって、「いらっしゃい、地下の奥があいていますよ」と席まで教えてくれた。４人掛けの席だが２人がちょうどいいほどのこぢんまりとした席。

どこかに似ていると思ったら、学生時代によく行った「スカラ座」という新宿の名曲喫茶。そこには本当に火が燃える暖炉があった。「スカラ座」はなくなったが、「さぼうる」が昭和30（１９５５）年の創業で今もここに、当時のままにあるということがうれしい。

お店の雰囲気はハーフティンバーの山小屋風ともいえるし、トーテムポールなどもあるから、南洋風にも見える。

私は大抵ここではイチゴジュース専門。たまに夏の暑いころはビールをたのむが、銀色のお皿にピーナッツがすこし乗ってくる。誰も大騒ぎなどしないで、暗いのに本を読んでいたり、静かに話をしたりしている。鈴木さんに「『さぼうる』の店名の由来は何ですか。「サボる」からきているのかな」と聞いたら、「違いますよ。スペイン語で味という意味です」との答えだった。

伊藤雅史店長

そのうち、さぼうるはなぜか行列のできる店になり、主人の鈴木さんの姿も見かけなくなった。以下は現在お店を任されている伊藤雅史店長のお話。

「創業者は芸術家と聞いていています。そのときからマスターの鈴木さんはいて、いっしょにシャベルで地下を掘ったとか聞いていています。建物は戦前からあったようなのですが、インテリアなどはその少し前にできたラドリオさんを参考にさせてもらったと言います。鈴木は今年で88歳、ずいぶん前からさすがに入り口に立つことも難しくなり、入り口近くの椅子に座って指図していましたが、２０１8年に足をけがして今は来ていません。

僕は専修大学の学生のころから、アルバイトで入ってもう15年働いています。鈴木から言われていることは『常連さんを大事に』ということ。『ふるいものはそのときは価値がないみたいに見えても、あとから価値が出てくる。もううちにしかないものがあるよ』ということです。この店もそうかな」

何の注文が多いんでしょう。

「昔は圧倒的にコーヒーでした。深煎りではなく、中煎りで、その代わり細挽きです。これも鈴木は『熱いのを出せよ』といつも言っていました。ところが、だんだん若いお客様が増えて、今は七色のクリームソーダを頼む方が増えました。鈴木さんのアイデアで元は緑と黄色2色だったのが、20～30年前に赤、青の4色、そのあと紫、オレンジが加わり今年21年、うちを舞台にした『なないろのクリームソーダ』(難波里奈著)という本が出たので、僕が白を足しました。白はカルピスを入れています」

名物スパゲティナポリタン

まあ、明治末、「メイゾン鴻乃巣」ではやった五色の酒みたいですね。比重の重い順に継いでいるのでしょうか。コロナの影響はありますか。

「それもあるが、東京都の喫煙禁止条例ですね。僕も鈴木も煙草は飲みませんが。年配の常連さんがコロナで来られなくなり、代わりに若い方が増えましたが、最近また年配の常連さんがもどりつつあります。それと店の中を過密でなく、ソーシャルディスタンスを取るのがなかなか難しくて。歴代のアルバイトさんもアーティストや音楽関係、役者、ダンサーなど多彩です。そういう特色を生かして、これからは店でコンサートや朗読会などもできるといいなと思って。オリジナルTシャツも作りました」

さぼうる2でスパゲティナポリタンを。ミニサラダ付きで800円。「うちのはボリュームありますよ。できあがりで600グラムある」と店長に脅かされただけのことはあった。恋人と半分こがちょうどいいかもしれない。

ラドリオ　◎喫茶
ウィンナーコーヒー発祥のシャンソン喫茶

千代田区神田神保町1丁目－3

そこから少し離れた路地の奥にラドリオとミロンガという二つの喫茶店がある。これは経営者は同じだそうだ。ラドリオはシャンソン喫茶。創業は1949年という。レンガの外観、中は山小屋風というのか、木をふんだんに使って、それもなぐり仕上げになっていたり、細かい彫刻が施してあったりする。今日は越路吹雪がかかっていた。店長の篠崎麻衣子さんに聞く。

「私はこの店は11年目、最初会社に勤めましたが、なんとなくつまらなくて、喫茶店を回っているうち、ここに客としてきて私が店長は7代目。ラドリオという名前はスペイン語でレンガを意味するようですね。元島崎書店というのを経営しておられた方がオーナーです。50年間、店長だった臼井愛子さんがシ

ツタのからまる看板

ャンソンがお好きで、私はお目にかかっていないのですが、人気がありました。お酒も強かったようです。もう亡くなられましたが」

よければこれを、と篠崎さんは、愛子さんがNHKの番組「現役くらぶ」（1995年）に登場したDVDを貸してくれた。以下はそのテレビ番組より。

それによると、臼井愛子さんは1922年、仕立て職人の家に生まれ、放映当時74歳。母を早く亡くし、4人の弟妹の面倒を見た。貧しくて洋服の生地を入谷の質屋まで自転車で入れにいったことがある。「そこには炊きたてのご飯が入ったお釜とか、ぼろい櫛を預けに来ている人が居た。私たちはまだましだ、と思いました」。父は酒好きで、愛子さんも小学生の頃から自分がお酒が好きだと知った。

父もなくなり、弟妹は本郷と神田に書店を開いていた島崎八郎という人の世話になる。その親戚が神田の店をしゃれたバーにしたものの1年でやめたので、島崎さんに「おまえやれ」といわれて臼井愛子さんは「ラドリオ」のママになった。昼は喫茶、夜はバー。流れるシャンソン、そしてママがシェーカーを振り、カクテルも出した。カウンターの中は

店長の篠崎麻衣子さん

愛子さんにとってよほどくつろげる場所だったのだろう。

英文学者で明治大学教授だった吉田健一が店の奥でいつもビールを飲んでいた。詩人草野心平がおしえてくれたおかゆを「心平粥」と称して出していたこともある。作家逢坂剛は店の片隅で、直木賞の受賞の知らせを受け、用意したワインで愛子と乾杯した。中央大学の学生時代からコーヒー一杯でラドリオに粘っていた逢坂剛氏は、「それまでクラシックギターをやっていたのが、この店でサビーカスというフラメンコギターを聞いて、それに夢中になり『カディスの赤い星』を書いた」と言う。

ウィンナーコーヒーとクリームソーダ

一生独身だった愛子さんは店の上に住み、島崎八郎の妻ツネの面倒を最後まで見た。その東京言葉の上品で美しいのに驚いた。

話を戻すと、ここはウィンナーコーヒーを最初に出した店としても知られている。篠崎さんの話。

「東大の先生がウィーンに留学されて、クリームをコーヒーに載せてごらんと教えてくださった。ところが、このクリームというのががなんだかわからなくて。初代の愛子さんは、ある日この辺の洋菓子屋をのぞいていて、ホイップクリームを見て、あれのことだ、とわかったというんです」

京都のレトロ喫茶として有名なフランソアもウィンナーコーヒーの魁《さきがけ》ではないかといわれているが、同じ頃に東と西で始まったものかもしれない。

長年通い続けている年輩の常連さん、しかし、女性二人連れで来てはウィンナーコーヒーやクリームソーダをスマホで写している人もいる。

「店の背景がいいんでしょうか。インスタ映えするというので見えるお客様が増えています。関ジャニというアイドルグループのロケに店内が使われたので、それで来るファンもいます。東京ドームでコンサートがあったりするとそこから流れてきて、行列になります」と篠崎さん。

居酒屋兵六、さぼうる、ラドリオというコースをはしごして飲んでいたおじさまたちから、あまりに若い女性が多いので、来にくくなったという声もあるという。

「うちは昼間からアルコールを出してますし、夜10時までやっています。お昼はカレーとスパゲティナポリタン目当ての会社員がランチに訪れます。画商さん、占師さん、お坊さん、おもしろいお客さまは多いです。いろんな方と出会えるのは楽しいんですが、混雑する土日が疲れますね」

さぼうるもスパゲティナポリタンが人気ですよね。

「あちらは少し甘くて柔らかい感じでしょうか。うちはタマネギとピーマンとベーコンのみ、あとはケチャップ、黒胡椒。タバスコを最初から入れて、麺は固めです。食べ比べたら面白いかも」

昭和40年代、喫茶店の食べ物といえばトーストかスパゲティナポリタンくらいしかなかったが、なぜいま、再び人気なのだろうか。

店のコースターは彫刻家、本郷新によるもの。グラスが倒れないように、そのコースターの底を水で濡らしていたようである。彼の作品も店内にある。

かつて、フランス文学者の鹿島茂さんと、「神保町を世界遺産に」という対談をしたことがある。世界を見てもこれほど、古書の集積している町はない。八木書店、一誠堂、大屋書店、風格ある大古書店から路地裏の小さな店まで。「それといっしょに、ラドリオ、ミロンガ、さぼうるも世界遺産にしなくちゃ。伯剌西爾《ブラジル》、古瀬戸、壹眞《かずま》、神保町ブックカフェから文房堂カフェまで、買った本を開けて読める、「本の話ができる喫茶店は大事にしたい」と言い合ったことである。

ミロンガ ヌオーバ　◎喫茶
「タンゴを聴くと体がほぐれる」

千代田区神田神保町1丁目ー3

店長の浅見加代子さん

店長の浅見加代子さんに聞く。

「私、最初にラドリオに2年いて、そのあとミロンガに移って20年になります。学生時代から神保町が好きで、つい、こんなに長くいることになりました。ラドリオが昭和24年、ミロンガは昭和28年の開店です」

ミロンガでも私が生まれた前からあるんですね。

「ここがミロンガになる前、昭和22年から24年ころ、短い時期ですが、昭森社《しょうしんしゃ》という出版社がこの2階にあって、1階はランボオ（あるいは、らんぼお）というカフェで、そこに武田百合子さんが勤めていて、泰淳さんと出会って結婚したという話です。そこは文学者のたまり場でした」

といって浅見さんは『本の手帖別冊　森谷均追悼文集』（1970）を貸して下さった。

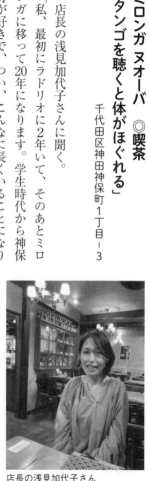

これはみっちりと詰まった本である。森谷均《もりやひとし》は岡山の出身で、中央大学を卒業、書物展望社に勤め、昭和10（1935）年に昭森社を創立。戦後はそこに思潮社や『ユリイカ』が間借りしており、勢い詩人や作家のたまり場になった。

ミロンガは世界のビールも出す

森谷均の詩に対する情熱はつよく、太った体で陽気な人で、神田のバルザックと呼ばれた。昭和44年になくなったとき、友人葬がいとなまれ、葬儀委員長は西脇順三郎がつとめた。この追悼文集には黒田三郎、村野四郎、岡本潤、草野心平、北川冬彦、神原《かんばら》泰、埴谷雄高、堀口大学、伊藤信吉ら、そうそうたる詩人、また作家や美術家も追悼を寄せている。もっとも「ランボオ」は昭和22年3月から2年ほどしか続かなかったらしい。そのあと隣のアテネ画廊が、いまの「ミロンガ」である。

ミロンガというのはアルゼンチンのタンゴより古い音楽のスタイルのようですね。

「はい。昭和20年代はアルゼンチンタンゴがはやって、東京中にいくつもその音楽が聴ける場所があったらしいです」

確かに、社交ダンスがはやって、母も「クンパルシータ」を踊っていました。

「この店にもう一人の愛子さんがいたんです。その人がタンゴに精通していて、どの曲を掛けてと言うと、さっとレコードを棚から引き出すことができたと。明治大学のタンゴ研究会の人たちも常連でした」

浅見さんはその愛子さんをご存じですか。

「残念ながら知らないんです。ラドリオの愛子さんよりは若いんですが、それでももう亡くなられたと聞きました」

この内装もすてきなんですが、これは開店当初のものですか。

「この照明なんかはそのようです。でも、1995年頃、テーブルは無垢の木の少し高さも高く大きいのに変え、椅子も高くして、編集者と作家の打ち合わせにも使えるようにしました」

さぼうるやラドリオはスパゲティナポリタンやカレーでランチの客もあるようですね。

「うちはそれほど食べ物には力を入れてない。何しろあの小さなキッチンで作るので、メキシコ風のジャンバラヤとピザくらいで。並びのチャボからカレーを取ることもできます。

コーヒーは炭火焙煎でこだわっていますし、お酒は通しメニューなのでお昼から飲めます。ここに来て、私もビールが好きになりました。おすすめは焼酎にコーヒー豆を入れたコーヒー酒、とこれなんかどうですか。ダージリンティーにショウガと蜂蜜を入れて生クリームを入れた……」

それいただきます。ということで、風邪気味のところ、なんとも体の温まるお酒だった。その色からか「きんぽうげ」という。「コロナで暇なので、お酒を仕込んだり、新しい飲み物を考案したりしてました」

店と縁が深い美術家は昆野恒《こんのひさし》さん、作品もいくつか飾られている。ここも、さぼうる、ラドリオと同じく、昭和レトロ喫茶店巡礼をする若い女性のお客が増えたそうだ。「昔は男性のお客様がほとんどでした」

たまにテーブルを片付けてライブをすることがあるという。「SNSをうまく使えないんですが、ライブの告知はインスタグラムですることにしました」

そこに、旧知の編集者がやってきた。「今大学で授業してきた帰り。ここでタンゴを聴くと体がほどけるからね」といってジャンバラヤでビールを飲んでいた。次からは私もそのように使おう。

5.
渋谷

都電を待つ傘の列＝渋谷区内　1961（昭和36）年　©朝日新聞社

戦争で焼け出された父の家族は戦後、世田谷の東松原にいた。そこは100坪ほどの庭のある平屋の家で、農村育ちの祖父はそこで木々を育て、鶏を飼い、畑もやっていた。田舎のない私にとってここが田舎のようなもので、毎週のように日曜日に行ったが、そのときに渋谷で父と「オオカミ王ロボ」などの映画を見た。

渋谷はややこしくて、井の頭線と山手線が交差して、町を4つに分断している。ハチ公の広場から左奥に上がっていくのが道玄坂。前方へ上るのが宮益坂《みやますざか》。父はハチ公の本物を見たことがあるとかいっていたが、ほらかもしれない。駅前のスクランブル交差点は一回に2000人が横断するという。

左手、NHKの方に上がっていく公園通りは、西武とパルコができて賑わい、私も高校生の頃はよく遊びに行った。

西村フルーツパーラー　◎フルーツパーラー

フルーツポンチ、フルーツパフェ、チョコレートサンデー…

渋谷区宇田川町22－2

東京の盛り場で、思い出深いのは渋谷だ。

祖父の家の隅には川が流れ、というより排水を流すドブに近かったが、その上にかかったコンクリの桁《けた》を、よく従兄と渡って遊んだ。いま思えば危ない話である。昭和30年代の世田谷には雑木林があり、キャベツ畑があり、根津山《ねづやま》と称する広い公園があった。近くに田舎があるようなもので、私は日曜ごとに父母に連れられて行った。

季節のフルーツパフェ

家から田端まで歩いて山手線を半周して渋谷へ、そこで井の頭線に乗り換えるのである。いまほど地下鉄網が発達してはいなかった。

渋谷はまだまだ牧歌的なターミナル駅で、国鉄から乗り換える井の頭線の改札口には、いつも日本人形が飾ってあった。汐汲《しおく》みや藤娘《ふじむすめ》、道成寺《どうじょうじ》や花嫁人形、毎回違うので、ここを通るのが楽しみだった。

父は「『西村』でシャーベットを買っていこう」「今日の土産はイチゴがいいか」と母を促した。「やはり渋谷一の果物店、『西村』は品物がちがう」、と父と母は言うのだった。

このシャーベットのおいしいことといったら。メロンシャーベット、イチゴシャーベット、ピーチシャーベットもあったと思う。必ず保冷用のドライアイスを入れてくれ、私は従兄たちとそれを丼に入れて水を張り、もくもくと上る煙で魔法使いの占いごっこをした。ときには例のドブ川にそれを投げ入れる。川の中で白いドライアイスがブクブク煙をあげる。面白かった。

渋谷には将来性がある

その憧れの「西村」(渋谷西村總本店)会長(2005年当時。故人)・西村敏男《としお》さんにお目にかかることができた。

「うちは最初、明治43(1910)年に小石川《こいしかわ》駕籠町《ごまち》で始めたんです」

――それはうちの近くです。まだありますね、千石《せんごく》の角の交差点にも「西村」が。

昭和20年代後半の渋谷西村
總本店

現在のショーウィンドウ

「ええ、いまは父の番頭だった、古市《ふるいち》さんのお孫さんたちがやっております。あそこは、小石川林《はやし》町《ちょう》や震災後にできた駒込の大和村《やまとむら》、いいお邸が多くて、ゆとりのある方がお住まいでした。別邸が多かったですね。その後、7、8店支店を出すうち、渋谷が中心となり、戦後、古市さんに駕籠町の店をのれん分けしたわけです」

西村敏男さんの父、正次郎《しょうじろう》氏は、四国高松の庄屋の出である。何人も男兄弟がいたが、家が傾き、神田多町《かんだたちょう》の青物市場の近く、小川町《おがわまち》に店を持っていた長兄をたよって上京。最初は教師になるつもりだったが、そこで手伝っているうちに結婚して独立。

「何でこんなに父の靴が減るのかと母は思ったそうです」

上野、新宿……東京中を歩き回って、通る人の数をカウントしたり、いまでいう市場調査の上、店の場所を渋谷に決めた。ちょうど東横《とうよこ》デパートができた昭和10（1935）年のことで、近くに南平台《なんぺいだい》、松濤《しょうとう》の邸町《やしき》が発展しつつあった。木造3階建ての店だった。

――お父様はどんな方だったんですか？

「一言でいうと律義《りちぎ》。商売のかたわら在家の仏教家でもあって、お経が始まると長いもので、僕ら兄弟は逃げ回ってました。とにかくまじめ一方の理想家で、戦時中、ヤミをやらなかった人なんていないんですが、絶対だめだって言うんです。私は少しやったんですがね。見つかったら大変だった」

――それでよくここまでお店を繁昌させられましたね。

「それは母の末子《すえこ》のおかげです。やっぱり高松の生まれですが、働き者でアイデアがよかった。僕が生まれたとき、コロ柿が安いんでトラック一杯仕入れたんですが、どうにも売りようがない。そこで母はきれいな化粧箱に詰めて、お年賀の贈答用にして売り切ったそうです。それを詰めるのが一苦労で、1月1日の夜中までかかって、2日の午前2時に私が生まれた（笑）。忙しい中で生まれたわりには、のんびりした子だね、と母がよく言いました」

西村さんは昭和4年、駕籠町で生まれ、千葉で育つ。小学校1年生のとき、店と一緒に渋谷に移り、大和田《おおわだ》小学校へ。そのころは、雪が積もれば道玄坂でスキーをして曲がりきれずに転んで骨折した人がいた、というくらい、渋谷の交通量は少なかった。

「高級果物が看板ですからね。よその店が着物に前掛けの時代、白い上着に黒いズボンが制服でハイカラでしたが、初めはなかなか売れなかった。定着するまでに母はすっかりやせました。そのくらい働いたんです」

国産では、りんご、みかん、西瓜、洋物ではメロンやオレンジを扱った。しかし昭和10年といえば、日本は戦争への道をひた走っていた。そのうち統制経済の時代に入り、配給になり、仕入れがあるとみな行列して並び、高級果物どころではなくなった。

「だからあのころの人はみんなスマート。うちでは最後、額縁《がくぶち》まで売ってました。その店も強制疎開で取り壊され、廃材が山積みになっていた。それが空襲で、そのままの形で灰になりました。私たちは自由が丘に疎開して、いまから考えると近すぎてなんだか変ですが、とにかく命は助かりました」

戦後、渋谷駅前は闇市になった。

「兄や姉のあとについて、何でも売れるものは売ったんです。兄と同じ明治大学に入ったんですが、そのころはもう、店の復興で忙しく、久しぶりに大学へ行くと、その日から試験なんてこともありました」

「桃も水蜜桃《すいみつとう》は高級品ですが、もっと固い桃を売るときは四斗樽《しとだる》に水を入れて、毛をこそげて売ってました。イチゴが売れ出したのは、戦後、生クリームのクリスマスケーキが流行《はや》る少し前ですね。でも手でさわると傷《いた》むので、お箸で取って和紙でくるんでました。まあ昔の果物は、はっきり季節がありましたし、香りも高く、酸味もつよかったですね」

——子供のころ、果物籠に入ったメロンやぶどうに憧れて、あれがもらえるなら病気して入院したいと思いました。

「静岡産のマスクメロンがやっぱり果物の王様でしょうか。存在感がある。あれは樹に生《な》らず、つるに生る草ですから、厳密には果物じゃないんですよ」

——へえ、そうなんですか。バナナだって、子供のころは高級品でした。

「いま一番高価なのは、ぶどうのアレキサンドリアでしょう。一粒1000円もするイチゴもある。おいしいのは旬《しゅん》のもの。7月はサクランボが一番ですね」

戦後、「西村」は果物店とフルーツパーラーを再開し、渋谷を代表するシャレた店に変わっていった。ウエストをぐっと締め、広がるフレアスカートの女性たちが、「西村」の席を埋めた。

フルーツポンチ、フルーツパフェ、チョコレートサンデー、ピーチメルバ、英語のようでもあり、和製の匂いもするような。

「そうですね。サンデーもメルバも、あまり意味がはっきりしない。3階で甘味喫茶《かんみ》をやり、ところてんやあんみつを置いたこともありました」

——忠犬ハチ公の像ができたのはいつでしたか？

「戦前の昭和9（1934）年からあります。が、銅の供出でいったん取り壊されました。いまあるのは、戦後、町の古い人たちがつくった2代目ですね。うちのお袋なんか、ハチ公の本物にエサをやったそうです」

「西村」でなつかしいのは、生クリームと果物がはさまったフルーツサンド。ショーケースを見たら、いまもある。1キログラムの〝ジャンボパフェ〟も人気だが、とても食べ切れない。

応接室から目の下に渋谷の雑踏《ざっとう》が見える。今日もハチ公前で待ち合わせる人がいる。

「このスクランブル交差点は、多いとき一回で2500人も渡ります。渋谷もすっかり変わりました。戦前からの方たちは、強制疎開や空襲でかなりいなくなってしまった。センター街に行けばガングロの子が見られるなんてマスコミは騒いだ。迷惑な話です。昔の上品で安全な町を取り戻したい。センター街の商店会は道の清掃をし、定期的にパトロールしたりと、理事たちが中心となって一生懸命活動しております」

ハチ公、西村、いまはなくなったが五島プラネタリウム。渋谷は子供の私に夢を見せてくれる町であった。

現在はご子息の正治さんが、後を継いでおられ、高級果物西村の暖簾を守っている。

麗郷　◎台湾料理
なつかしい赤レンガの料理店

渋谷区道玄坂2丁目25－18

渋谷道玄坂《しぶやどうげんざか》、けやきの高い梢《こずえ》が陰をつくり、少し上ると左手には昔のマンサード屋根の看板建築も見える。古くからの大山《おおやま》街道であるが、ここには与謝野晶子《よさのあきこ》、鉄幹《てっかん》の「新詩社」もあったはず。

そして大正の大震災前には、林芙美子《ふみこ》がこの道玄坂にも露天《ろてん》の夜店を出している。

夜。

私は女の万年筆屋さんと、当のない門札を書いているお爺さんの間に店を出さして貰《もら》った。蕎麦屋で借りた雨戸に、私はメリヤスの猿股《さるまた》を並べて『二十銭均一』の札《ふだ》をさげると、万年筆屋さんの電気に透《すか》して、ランデの死を読む。大きく息を吸うともう春の気配が感じられる。この風の中には、遠い遠い憶《おも》い出があるようだ。舗道は灯《ともしび》の川だ。人の洪水だ。（『新版放浪記』一部「裸になって」）

『ランデの死』はロシアの作家が書いた小説。道玄坂は大正時代から盛り場だったかもしれない。

いまでは文化村通りとの分かれ道に「109」が建ち、それに沿って行くと右へ入る通りが道玄坂小路《こうじ》。その手前、109との間にあったのが恋文横丁《こいぶみよこちょう》。戦後、進駐軍が東京を占領していた時代、いまの代々木公園のところに、米軍の住宅団地・ワシントンハイツがあった。そこでGIは渋谷の町を闊歩《かっぽ》し、日本人女性との間にたくさんの恋がめばえたのである。

しかし彼らは1950年、朝鮮戦争が勃発したため、出征してしまう。

渋谷道玄坂には、女たちのために米兵への恋文を代筆し、あるいは帰郷した米兵からのラブレターを読んでくれる陸軍上がりの菅谷《すがや》篤二《とくじ》さんという有名な人がいたそうな。それは丹羽《にわ》文雄《ふみお》『恋文』に小説化され、田中絹代《きぬよ》が初監督して映画にもなった。主演は久我《くが》美子《よしこ》、森雅之《まさゆき》、宇野《うの》重吉《じゅうきち》。

その恋文横丁もいまはなくなり、私がなつかしいのは、道玄坂小路にある赤レンガの料理店「麗郷《れいきょう》」。東京の台湾料理としては新宿の「山珍居《さんちんきょ》」と並び、古い方だろう。

「母の武田明子《たけだあきこ》が始めた店です」

と出ていらしたのは呉詮章《ゴゼンショウ》さんという〝強そうな男〟だった。いまの日本では、ほとんどお目にかかれない、あごのしまった眼光の鋭い、鋼《はがね》のような体格の方だ。

「母は日本に帰化しましたが、私はアマノジャクで故郷を簡単には捨てられませんね」

最初、父が台湾の台中《たいちゅう》から日本へやって来て、いろんな仕事をやり、あとから家族がみんなで来た。

赤レンガの麗郷

「チャイニーズはみんなそんなもんだよ。よそへ行って働くのは得意だから。『三把刀《さんばとう》』といって、料理人、床屋、仕立て屋、三つの刃物持ってりゃどこでも暮らせる、と言われてた」

呉さんは昭和18（1943）年、東京生まれ。中野、高円寺、浅草、新宿……転々とした。そのうち創成期のパチンコ店を経営していた父がいなくなり、母明子さんが恋文横丁で台湾料理の店を開く。

「母は育った環境がよかったの。おじいさんは台中の市長で昔の地主だった。家に入るとアヘンの香りがしたという。あれは金と位のある人が吸うものだから。母は三人もいた家付きの料理人にたくさんの料理を学んだんです」

「麗郷」という美しい店名は、呉さんの妹の名からつけた。

店を開いたのは昭和30年。坪数8、従業員一人の家族経営だった。

「あのころは台湾料理を食べられなかったね。それでお袋がつくった腸詰《ちょうづ》めなんか、みんな食べに来てくれた。有名になったきっかけは、『朝日新聞』に邱《キュウ》永漢《エイカン》さんが紹介してくださったこと。あれから台湾へ行く日本人が増え、帰国すると必ず来てくれました」

呉さんは四谷の中華学校から大学へ入ったが、大学へ行っても友だちは麻雀《マージャン》に誘う。母が必死で働いてるのに、そんなことしてられるか、と店を手伝っているうちに大学はよしてしまった。

――お母さんは一言でいうと、どんな方ですか？

「気が強いね。いま90歳（2005年当時）で一緒に暮らしているけど」

――恋文横丁のことを覚えていますか？

「うん。店の上で寝泊まりしてたからね。あのころ道玄坂に男の街娼がいて、警察の手入れがあると横丁に逃げ込むんだ。新米のおまわりさんなんか、この中、複雑でわかんない。火事があったとき、最初に見つけたのは私なの。臭い臭いといってね。シャッターのすきまから煙が出てた」

母が開いた恋文横丁の店は火事で焼け、昭和30年代前半、道玄坂小路の現在地に再建した。

客層はさまざま。学生、婦人グループ、芝居をやっている連中から議員さんまで。分けへだてしない店主の性格だろう。

台湾風汁麵

腸詰め

海老のボイル

——いつも、しじみ炒め、大根餅、空心菜《くうしんさい》あたりでビールを飲んでるんですが。

「空心菜は貧乏人の野菜だけどね。山と太陽さえあれば、どんどん生えてくる。栄養価が高いし、おいしいけど、台湾では金持ちはみっともないとかくれて食べる野菜なんだ」

というわけで今日は、
・ゆりの花炒め
・台湾風汁麵
・腸詰め
・海老のボイル
などをいただく。それとビール。

どの皿もボリュームがあり、平らげるのは大変だった。

「本当によく働いたよ。金より時間がほしかったね。いまは怠けて昼2時からは休み」

呉さんは台湾の独立には反対だという。

「資源も何もない国だから」

いつ来ても、いい気分になれる「麗郷」よ、永遠なれ。

6. 高田馬場

早稲田大学の立て看板＝新宿区戸塚町１丁目　1981（昭和56）年
©朝日新聞社

家の前の不忍通りを早稲田行きのバスが通っていたから、大学の裏の方へ着いて、高田馬場にはあまり出なかった。大学周辺で思い出すのは、

大隈家出入りの金城庵

大学前の喫茶店　早稲田茶房

大学関係者がパーティーなどに利用する洋風定食の高田牧舎

ほか、いくつかの麻雀やくらいである。

時には大学から生協の脇の坂を上がって、早稲田通りに出て、高田馬場までの古本屋を冷やかして歩き、駅前のコンパなる安い酒場に繰り込んだり、時には早稲田松竹や高田馬場パール座で映画を見たりした。名曲喫茶の「あらえびす」では私語は慎まなくてはいけなかった。

もうひとつ「レラ・チセ」とか言う、珍しいアイヌ料理の店があったとおぼえている。高田馬場駅前に初めてケンタッキーフライドチキンができたときには、びっくりした。スパイシーでジューシーな鳥の洋風からあげ、コンボ（セット）という言葉もそのときに覚えたが、女一人で入れる店があるのはありがたかった。

そのころ、駅前のビルの地下にはいっていたイタリア料理が懐かしい。

文流　◎イタリア料理
日伊文化交流を願って生まれた店

新宿区高田馬場1丁目26－5

高田馬場駅前の広場に面し、書店・芳林堂の入っているビルの地下に「文流《ぶんりゅう》」というイタリア料理店を見つけたのは、1973年、大学に入って程ないころだった。そこのオリーブ油たっぷりのスパゲッティ・バジリコや、ひき肉とトマトソースの間からチーズが溶け出るカンネローニのおいしいことといったら……。

「それはずいぶん早いころのお客様ですね。店を始めたのはまさに昭和48（1973）年です。そのころは吉田勝昭《かつあき》という天才的シェフがいました」

と会長の西村暢夫《のぶお》さん。おだやかで、楽しくて上品な雰囲気の方だ。

「文流」という店の名は、文化交流を生業《なりわい》にしたいという願いからつけたものである。私もこの店がタダものではない、と気付いたのは、レストランの壁に本がいっぱいあったからだ。

「本屋を始めたのが昭和33（1958）年、それから15年後にレストランを開いたんです」

と話す西村さんの戦後史が面白い。昭和8（1933）年、京都生まれ、高校まで京都で育ち、早稲田の仏文に憧れて上京。

「『巴里《パリ》祭』『巴里の空の下セーヌは流れる』の雰囲気が好きでした。なのにワセダをすべっちゃって、翌年、東京外語（東京外国語大学）のイタリア語学科に入りました」

そのころイタリア語学科は外語くらいしかなく、こちらも「自転車泥棒」「戦火のかなた」「靴みがき」など、戦後、続々と封切られたネオ・レアリスモの映画に憧れてのことだった。

「ところが教室へ行くと、柏熊達生《かしわぐまたつお》先生が開口一番、イタリア語なんてやっても就職口がないから、英語を勉強するように、と。翌日行くと20人いた同級生が12人になってました」

イタリア語の教師、イタリア文学者もほとんどいなくて、辞書もまともにない時代。

「戦前でもマンゾーニの『いいなづけ』や杉浦明平《みんぺい》さん訳のレオナルド・ダ・ヴィンチやルネサンス物があったくらい。少しやる気を失ったけど、4年生のとき、政治思想家アントニオ・グラムシと出会い、夢中になった。イタリアはドイツ、日本とともに枢軸国《すうじくこく》として戦ったのですが、国内に反ファシズムのレジスタンスがちゃんとあった」

ファシスト政府に逮捕されたグラムシは1937年に亡くなりますが、彼のヘゲモニー論が注目を集めるのは、まさに私の学生時代。西村さん、20年は早かった。

　卒業したのが昭和31年、予想どおり就職口はなく、港区立港中学校の英語教師を2年つとめた。

「そのころの教え子といまもつきあいがあるんですが、先生すごいイタリア語なまりの英語だったと。そのくせ、この海の向こうにはイタリアがある、なんて中学生に吹いてたそうですよ」

　知れば知るほどイタリアの文化は奥が深い。ローマ帝国以来の歴史、キケロの哲学、レオナルド・ダ・ヴィンチやミケランジェロの美術、ダンテやペトラルカの詩、ヴェルディやプッチーニのオペラ、そしてワイン、スパゲッティ、ピッツァに代表されるイタリア料理。

文流の入り口

　その憧れのイタリアに西村さんが初めて行ったのは昭和37（1962）年だった。明星食品の創業者・奥井清澄《きよずみ》氏が、即席ラーメンで当て、麺の総合メーカーをめざして、イタリアにパスタの機械を買い付けに行くという。その通訳の募集があり、西村さんが面接ののち採用されたのである。

「29歳でした。まだ一ドルが360円、外貨持出制限がありました。値段の交渉で一ケタ間違えたり、失敗ばかりでしたよ」

そんな失敗談を話す西村さんの前向きなこと、まさに〝失敗は成功の母〟なのである。

「だから、後学のためにもまずイタリアの本をどんどん日本に輸入しようと思いました。それとちゃんとした辞書をつくろうと」

まずは神田神保町に「イタリア書房」を開いた。小学館に働きかけて『伊和中辞典』を完成させる。現在はイタリアのルッカに日本人のためのイタリア料理学校と、高田馬場に「リンガビーバ」というイタリア語学校を経営している（現在は合同会社L.V.が運営）。

「初めて行ったとき、イタリア料理のおいしかったこと。日本で食べるスパゲッティとは似て非なるものでした。そのときに、アル・デンテ（固めに茹でる）という言葉を覚えました」

私も覚えている。スパゲッティ初体験は学校給食。うどんにまずいミートソースをかけた偽物「ミートソース」。あれがスパゲッティだと思っていた。

「まず、自分が食べたい、そう思って『リストランテ文流』を開きました。シェフの吉田君を服部栄養専門学校から引き抜いて、イタリアで勉強してもらって。店によく見えたのはロシア文学の原卓也《たくや》さんですね。もちろん土地柄ワセダの先生も見えました。それから小学館や集英社の編集者たちも、遠いのにわざわざ」

『Bunryu』なる機関誌には堀田善衞《よしえ》、檀《だん》一雄が随筆を寄せた。丸谷才一《まるやさいいち》さんも書いておられる。

給仕人のすすめによってポルトガルの赤葡萄酒《ぶどうしゅ》ドム・シルヴァーノを飲みながら、丸谷さんは豚の頭のサラミ、海の幸のサラダという二つの前菜と、あたたかい野菜スープ、仔牛と生ハムのソテーを賞味した。その中でも「海の幸のサラダ」を絶賛している。

エビ、イカ、タコ、ムール貝のサラダなのだが、味つけが小粋《こいき》で、清楚淡泊、そのくせじつに奥行きが深い感じなのである。これは絶品と呼んでもいいし、ましてこの店の値段の安さを考慮に入れれば、もっと褒《ほ》めちぎっても差支えないという気がする。すこし酔ってきたかな?(『食通知ったかぶり』)

須賀敦子さんのリゾット

今日のワインは西村さんが仕入れてきた中部イタリア・トスカーナ州サン・ジミニャーノの「イ・モカリ」。というと「芋刈り」みたいだが、スペルは"I MOCALI"である。たしかに「清楚淡泊」である。あれから30年たって、日本はイタリア料理全盛になり、私自身も『「即興詩人」のイタリア』を書くために四度、かの国を旅した。そのときの旅風景と味を思うと、いまも胸がうずく。

プリーモ（第一の皿）は、これも西村さんのおすすめの「からすみのスパゲッティ」と「海の幸とキノコのスパゲッティ（文流風）」にした。からすみは日本だけかと思いきや、イタリアでもボッタルガといって食する。

「イタリアは土地土地で料理がちがう。そしてその料理にぴったりの地ワインがあります。パリはフランス中のワインが集中するところだから、それを選ぶプロのソムリエが必要ですが、イタリアでは地酒を飲むのが一番です。

パスタもスパゲッティ、リングイーネ、タリアテッレ、カンネローニ、ラザーニャ、ニョッキ、オレキエッテとさまざまな形です。オレキエッテはプーリア州のパスタで〝耳たぶ〟という意味。ギリシアの植民地だったクロトーネに行くと、節のついたカヴァテッリという、大豆くらいの小さいのがある。〝子供のカールした髪〟をイメージしてつくったのが始まりだそうで、古代人の美意識を感じさせますね。

また北へ行くと、ポー川流域は広大な米作地帯で、米を用いてリゾットをつくります」

「イタリア式お粥」などと訳された時代もあったが、どうして、リゾットも米の芯の固さが身上だ。私はこれを亡きイタリア文学者・須賀《すが》敦子《あつこ》さんの家でご馳走になったことがある。オッソ・ブーコ（骨髄《こつずい》の入った仔牛の骨付きすね肉の煮込み）も大鍋につくってくれて、ちびちゃんに、とお土産にもくださって……。

「そうですか、須賀さんはすばらしい、亡くなられて本当に惜しい方でした」

――彼女の『ミラノ　霧の風景』には、トウモロコシのポレンタを鍋で練るくだりがありますね。

「そうですね。北の貧しい人たちは小麦粉に手が出なくて、トウモロコシは要するに、粟《あわ》、ひえみたいなものだったんですよ」

胸の豊かなシルバーナ・マンガーノ主演の「にがい米」を思い出す。貧しい人に心を寄せるやさしさと、不正や差別を憎み自由を愛する激しさ、須賀さんと西村さんはそこが似

白身魚となすのスパゲッティ

平手打ち麺のタリアテッレ、ホタテとエビのクリームソース

ているのであった。

コロナで身にしみたお客さまのご愛顧

久しぶりに「文流」をランチタイムに訪ねた。高田馬場の駅はあまり変わっていない。駅前のビルも、1階にサンジェルマンのパン屋も昔通り。エスカレーターを降りて遠藤栄料理長に聞く。

遠藤さんは今年で何年目ですか。

「私は18歳で料理専門学校に入ったときから、ここでアルバイトをし、代々の料理長に指導を受けました。厳しくはありましたが、愛情のある方々でした。もう22年になります。みんな個性的な人でした。今はイタリア料理も多様化し、創作料理のようなお店も人気がありますが、うちでは初代の吉田勝昭さんの『地中海料理』（中央公論社）に立ち戻って、あまり奇をてらわずにやっています。森さんが学生時代、最初に召し上がったのは、しそのスパゲッティとのことでしたが、あの当時バジルが入らなかったんでしょうね。いまは食材はゆたかです。ワインはイタリアのもの、スパークリングやグラッパなど、食前酒や食後酒もそろえています。パスタランチはサイドメニューとコーヒーつき1000円でお出ししています。それを楽しみにしてこられる方も多いですね」

　きょうは白身魚となすのスパゲッティでした。トマトソースも自家製ですか。

「もちろんです。頭付きの白身魚を裏ごししたホールトマトで煮て、魚を取り出し、身をほぐしてトマトソースに戻し、なすを揚げて合わせる、とけっこう手間がかかります」

　もう一つは平打ち麺のタリアテッレ、ホタテとエビのクリームソースでした。

遠藤栄料理長

「タリアテッレは自家製です。クリームソースは重たくなりやすいので、ヘベスという柑橘類を使い、さわやかな酸味を加えることでさっぱりと召し上がっていただけるように工夫しています」

　今なら何がおすすめでしょう。

「トスカーナ料理の骨付きステーキ、ビステッカですね。北海道からブラウンスイス種という赤身のおいしい乳牛のTボーンを取り寄せています。1キロ程の大きなステーキのため、取り分けて召し上がる方が多いです。他には、スモークした鴨とフルーツのサラダも女性に人気があります」

ドルチェもありますか。

「ティラミス、パンナコッタ、ズコットなど、定番のドルチェを中心にご用意しています」

おいしそう。あ、この本棚も昔のままですが、ここに置かれた写真に写っているのはもしかして。

「そうです。いまの天皇陛下が皇太子時代に、ゼミの先生方と来られたときのもので、まだ私は店に入る前ですが、警備で大変だったそうです」

さぞ楽しまれたことでしょう。常連さんも多いのでしょうね。

「週に4回5回見える方もいらっしゃいます。コロナになって、どんなにこの店がお客様に愛されているか、骨身にしみたところです。苦しい状況の時に、変わらず来店してくれたお客様のおかげで今があるとほんとうに感謝しています。帰り際に、おいしかったよ、この一言で報われますね」

7.
新宿

大衆酒場＝新宿区内　1954（昭和29）年　©朝日新聞社

上野や銀座に比べると昭和30年代の新宿は垢ぬけない混沌とした町だった。通っていた中学高校には郊外園といって農業実習の畑があって、毎月のように西武新宿線で行った。ちょうどオリンピックのあとに西新宿跡にロータリーができ、浄水場を壊して超高層街区が作られようとしているところだった。私たちは郊外園の帰りにわざわざ小田急デパートの地下にソフトクリームをなめに行ったものである。当時、東京広しといえども、ソフトクリームを食べられるところはめったになかった。

大学時代の恋人は、小田急線の初台に住んでいたので、新宿のスカラ座という名曲喫茶でよく会った。彼は音楽も好きだし、美術は北海道展に油絵を出していて、ハーモニカもギターも上手だった。サッカーもやっていたから少しがに股だった。

あと、神宮球場に早慶戦を見に行った帰り、新宿まで練り歩いて、コマ劇場の前の噴水に学生が飛び込んだのを見た。

新宿にはさまざまな昭和を喚起させる場所がある。しょんべん横丁、違った、今の思い出横丁。武蔵野館、新宿ピカデリーなど映画館。前川國男設計の紀伊國屋書店にホール、インドカレーやボルシチの中村屋。高野フルーツバー（バイキング）はこの前惜しくも閉店した。今は外国人にとっても聖地となった極小バーのひしめくゴールデン街、ホストクラブ300軒もある歌舞伎町。しかし私はわざわざ新宿に飲みに行く文化はなかったし、あの広大で、西と東に分かれた新宿で、地下道ですらよく迷ってしまう。

すずや新宿本店　◎とんかつ
あっさりとして美味、名物とんかつ茶漬け

新宿区歌舞伎町1丁目23－15　ＳＵＺＵＹＡビル5階

昭和40年代になると、小田急デパートの地下にソフトクリーム売り場ができて、毎月のように食べに行った、というと駅前の「すずや」創業者、白髪の鈴木華子《はなこ》さんは、

「そうそう、西武線が国鉄の駅に乗り入れるという話だったのを、反対したのは私の父たちでした」

と述懐した（※取材当時。故人）。「とんかつ茶漬け」で有名なこの店は昭和28（1953）年創業で、店はビルになったが、いまもご盛況。華子さん自身は2歳から新宿育ち。変化の激しい町を見続けてきた。

「私の父は杉山健三郎《けんざぶろう》と申しまして、三重から出てきて、ここで米屋を営んでおりました。東京市にお米を納めてましたので、わりと手広く商売をしていたんです。

私の名は華子ですが、番地は角筈《つのはず》一丁目八七五（ハナコ）でしたのよ。そのころは東京市の内ではなく、府下豊多《とよた》摩《ま》郡《ぐん》角筈と言っていたと思います。もっと昔は窪地で大久保」

新宿駅が開業したのは明治18（1885）年だが、旧十五区の四谷区、牛込区の内ではなかった。大正8（1919）年生まれの華子さんは、大震災を5歳で経験し、淀橋第五小学校へ通った。

「いまの歌舞伎町一帯は府立第五高女、現在の都立富士高校で、それが越したあとの空地で博覧会をやるという計画もありました。

私は17歳で近くの鈴木商店に嫁いだのですが、義父の鈴木喜平《きへえ》という人が偉かった。小学校を出てアメリカ大使館のコックになりまして、洋食の方ではならしたんですが、その後、新宿で食料品屋を始め、ほうぼうのデパートに惣菜などを卸していました。

空襲で一帯が焼け、戦後、鈴木喜平は元いた人を自転車で一人一人探し出しましてね。戻ってくれっていって。そして焼け跡を公平に割りふり、喜平の片腕だった私の父が、最後に線路ぎわの残った土地を得たんです」

鈴木喜一郎氏と華子さん

新宿はもともと、伊勢丹のある3丁目に近い方が栄えていた。ところが、のちに市電の停留所が店のまん前にでき、西武新宿線の駅もできて一躍一等地に。

「義父は新興歌舞伎をここに持ってこようとして歌舞伎町と名をつけました。その計画は頓挫《とんざ》したんですが、地名の方は残っちゃった。だから皆さんご存じの歌舞伎町は、戦後の新しい名前なんです。

そのかわりに、阪急電鉄の小林一三《いちぞう》さんにお願いしてできたのがコマ劇場。美空ひばりなんか出ると、十重二十重に人が並んでましたのよ」

喜平氏の子息・喜一郎《きいちろう》さんと華子さんは、昭和28年に夫婦でここに民芸茶房「すゞや」(昭和63年に「すずや」に改称)を開く。

「二人とも、民芸のぬくもりが好きで、湯呑みを集めてたんです。あのころ、清水焼《きよみずやき》は高くて買えませんでしたけど、民芸品は安かった。荻窪にいまもありますが『いづみ工芸店』という陶器店のご主人と仲よくなり、その紹介で柳宗悦《やなぎむねよし》先生、芹沢銈介《せりざわけいすけ》先生、棟方《むなかた》志功《しこう》先生などもお店に来てくださいました」

版画家・棟方志功は青森の生まれ。「わだばゴッホになる」と上京して絵に精進したが、ちっとも展覧会に入選しない。それを見出したのが民芸運動の柳宗悦で、京都の陶芸家・河井寛次郎《かんじろう》にこの自然児を預けた。

「河井先生は精神的にも大変立派な方で、棟方さんを京都へ連れて帰るとき、いまから熊の子を連れていく、と奥様に連絡されたとか。それで奥様が檻《おり》を持って駅まで迎えにいったとかいう有名な話があります。

その棟方先生も、店に見えたときにはもう大家《たいか》でしたが、うちのメニューを12組、自筆で書いてくださった。持ってっちゃう人がいて、気がついたときには二つしか残ってないんですよ。芹沢先生が書いてくださったお茶漬けの品書きも、壁にぶらさがってました」

陶芸家・浜田庄司《しょうじ》、バーナード・リーチらがこの店にたむろし、あちこちで宣伝してくれて、「すゞや」は繁昌していく。

「お客様は知識のある方ばかりですがお金はない。最初は定食が30円でしたが、それから60円、100円定食の時代が長かった。トンカツ定食、コロッケ定食、生姜焼き、コーヒーとセットにした定食に人気がありました。一度のぞいて満席だと一回りしてまた見える、そういうありがたいお客様が多かったんです」

まかない食から看板メニューへ

――「すずや」というと「とんかつ茶漬け」、その由来ですが。

「うちにはお茶漬けコーナーがありましてね。北海道のしゃけ茶漬け、東北の漬物茶漬け、

とんかつ茶漬け

奄美《あまみ》の鶏茶《とりちゃ》なんかもやってました。あるとき私が残ったトンカツに、じゃぶじゃぶお醤油をかけて、お茶漬けにしたらとてもおいしかった。いわば、まかない食ですね。それでコックに、とんかつがお茶漬けにならないかっていいました。そしたら考え込んじゃってね」

いまの形でメニューに入ったのが昭和38（1963）年。新聞にもとりあげられ、この店の定番となった。華子さんはとにかく従業員にめぐまれたという。みんなよく働き、長くいてくれた、と。

ちなみに、「すゞや」には民芸派のアーティストだけでなく、草野心平、平林たい子、林芙美子《ふみこ》、有吉佐和子《ありよしさわこ》といった文士たちも多くやってきた。

――一番、記憶に残ることは何ですか？

「小上がりの座敷の席がありましてね。上がられた奥様の履物《はきもの》を誰かが履いて帰っちゃった。娘が誕生日にプレゼントしてくれたものなのにとおっしゃるので、赤坂で一番高いのを二足選んで、等々力《とどろき》のお宅までお詫びにうかがって、お好きな方をどうぞと申し上げたの。お嬢さんは、あれは有楽町でバーゲンで買った草履《ぞうり》です、と恐縮されてましたけど。昭和30年代のことですか」

私が「すゞや」を知ったのは、昭和40年代の雑誌「ミセス」だったと思う。新宿の上品な喫茶店で、「とんかつ茶漬け」もある、という紹介だった。何度かこの店に来たが、「とんかつ茶漬け」は今日が初めて。

鉄板の上に微妙に味のついたトンカツ、炒めたキャベツがのっている。まずは白いご飯でトンカツを何切れか食べ、その後、熱い番茶をかけた。漬物もたっぷり。意外にあっさりして美味だった。

「義父たちが育てた歌舞伎町だからね。悪く言われるとつらいのよ」

十数年ぶりの来訪を迎えてくれた4代目草子さん

十数年ぶりに「すずや」へ。ビルが建て替わっていた。いまは5階のワンフロアだけをお店にしている。昼下がり、すっきり広々した店だ。向こうに珍しく6人連れの外国人、ワインのボトルを頼んで、とんかつを楽しむ。

4代目の杉山草子さん

私もさっそく「とんかつ茶漬け」。木の台の上に熱々の鉄板、その上にとんかつ、そのうえにまたキャベツの炒め煮。ご飯がおいしい。つや姫だ。シジミの味噌汁、漬物も手を抜いていない。半分食べてあとは土瓶の川根《かわね》茶《ちゃ》を注いでお茶漬け。さすがに器はみんな民芸。

突然の訪問なのに、4代目を継ぐ杉山草子さんがすっきりした生成りのシャツで来てくれた。

「祖父の姉、鈴木華子は10年くらい前になくなりまして。森さんが書いてくださったこと、私なんか知らないことばかりで改めてお礼を言いたいです。私たちと一緒に暮らしていました。その弟が曄で、私の祖父です。私はおばあちゃんが2人いたようなものなんです。

3代目は父の元茂が継ぎました。母は老人3人の世話をするので、家にいました」

ビルはいつ建て直されたのですか。

「2016年ですね。華子はご縁のあった民芸の先生方の作品を集めておりました。地下の倉庫に入れておくのももったいないので、建て替えを機に壁に棟方志功先生、芹沢銈介先生の作品を飾りました。照明やテーブル椅子はもとの松本民芸の家具を直して使っています」

この立地でとんかつ茶漬けのこのお値段1580円（2021年10月時）はかなりリーズナブルだと思います。

「そうですか。お茶漬けの豚は銘柄豚ではありません。でもあれこれ工夫してやっぱりロースよりヒレに限ると。とんかつ定食の方は群馬の銘柄豚を使っています。お値段は、私が自分のお財布では入れるくらいがいいなと」

電話したときの応対やフロアの方たちも感じがいいですね。

「店長だった玉木はもう40年も務めてくれています。私は学校を出て会社勤めもしたのですが、誰かが継がなくてはいけないので、家に戻りました。店をやめるという選択肢はなかった。トンカツの揚げ方も教わったし、最初はフロアをしたのですが、鉄板にしても民芸のお皿や茶碗も重いので、肩を壊してしまい、いまは事務の方をしています」

歌舞伎町一番街の有名な看板のまさに脇にあるお店なのに、ここはなんとも上品で静かなお店ですね。

「私たちにとっては新宿は暮らす街なんです。熊野神社の御神輿も担ぎますし、古くからやっている地味なお店もたくさんあり、若い仲間もいます。歌舞伎町が風俗、犯罪、ぼったくりとだけ思われてはそもそも、歌舞伎町の復興に尽力した鈴木喜平や祖父母に申し訳ない。ホストクラブとかキャバクラといいますが、そこにも手塚マキさんみたいなしっかりした経営者がいて、区役所とも協力し、街の清掃活動はじめ、街作りに頑張ってくださっています」

そういって草子さんは、鉄板焼き「車屋」、ランチが料亭でいただける「玄海」、お好み焼きの「大阪家」、夜の町で働く人の定食屋「ひょっとこ」などのお店を教えてくれた。地元民が愛用するお店にも行ってみたい。

よい家庭教育を受けたことが偲ばれる、謙虚で明るくしっかりした後継者だった。弟さんはトランスジェンダー活動家で著名な杉山文野《ふみの》さん、フェンシングの選手だったこともあり、東京オリンピック組織委員会の理事。生まれ育った歌舞伎町の清掃活動をする「グリーンバード歌舞伎町チーム」の代表も務めていた。「妹が弟になってしまいました」と草子さんはあっけらかんと笑った。

「思い出横丁」でチューハイ2杯

ＪＲのガード下をくぐり、西口の「思い出横丁」へ。細い路地に焼き鳥屋などがひしめいている。ここもまた昭和の匂い。「つるかめ食堂」に沈没。「バカでアホでフラメンキン」なる珍料理（実は牛肉のニンニクまき揚げで、ごく美味）をつまみに焼酎を飲むとほっとした。スジ肉やごった煮、これぞ、林芙美子が『放浪記』で描いた新宿の雑踏文化だ。

この横丁、たしか昔は「しょんべん横丁」といったはず。「つるかめ食堂」も「すずや」と同じころの創業だが、いい味に煮しまったスジとご主人の顔をながめ、こんどはこの店の戦後史を聞いてみたい、とチューハイ2杯目を注文した。

そこから戻って６００メートルほど。再びガード下をくぐり、北へ歩くと、ロシア料理のスンガリーがある。

スンガリー　◎ロシア料理
ハルビンから引き揚げて、加藤登紀子さんの父母が始めた店

新宿区3丁目21－6 龍生堂ビル地下1階

ロシア料理はなんとなく懐かしい。子供のころ、家で世界事情のグラフ誌を取っていた。エルミタージュやトルストイ、ツルゲーネフに興味を持った中学1年の頃、父が芝にあった「ヴォルガ」という店に連れて行ってくれた。そこはモスクワの赤の広場にある宮殿のような不思議な建物で、内装はロシア帝政時代の貴族の館。前の日に「ドクトルジバゴ」を動坂映画で見たばかりの私には、まさにその物語の中に入り込んだ不思議な感じだった。残念ながらこの店は今はない。

新宿の「スンガリー」もロシア料理草分けの店。歌手、加藤登紀子さんの母淑子さんが始めた店で、初めて行ったときはお元気でお話もしてくださった。こんな話を聞いた。

「私は京都の呉服屋の娘です。八人兄弟の一番上で、1人では外出もさせてもらえないような。買い物は何でもつけでした。ですから結婚してハルビンに行くというのは私にとって自由そのものだったんです。京都からハルビンまで1枚の切符で行けました」

結婚相手の加藤幸四郎さん、こちらも京都の大店《おおだな》の息子で、京都府立二中からハルビン学院でロシア語を学び、当時、満鉄の仕事をしていた。「狭い日本にゃ住み飽いた」というスケールの大きな、冒険心の強い男性だった。

西武新宿駅近くのスンガリー新宿東口本店

「ハルビンではロシア人の家庭に間借りしておりました。1917年のロシア革命で、革命に賛同しないロシア人が国境を越えてハルビンに暮らしていました。南満州鉄道はロシアが敷いたのですが、日露戦争で日本が勝利し、その権益をとった。ハルビンには日本人もたくさんいたのですが、ロシア人とは共存していましたね」

加藤家には長男幹雄、長女幸子、そして1943年に次女登紀子が生まれる。

「スンガリーはハルビンを流れる川、中国語では鴨緑江です。その中州の太陽島にダーチャと言われる小さな農園を借りて畑仕事をしたり、ヨットに乗ったり、夢のような暮らしだったのよ」

やがて、戦火は激しくなり、敗戦。幸四郎さんは朝鮮半島に配属替えになり、淑子さんは3人の子供を抱えてどうにか帰国した。

「夫はあのままハルビンに居たら、満鉄の情報部ですから、シベリア送りになったでしょう。朝鮮に行っていて助かりました」

1947（昭和22）年に幸四郎氏が帰国、その10年後1957年、最初のロシア料理の店「スンガリー」を新橋駅前に出した。「1917年のロシア革命のあともたくさんのロシア人が日本に亡命して、ロシアパンなどを売りました。モロゾフやゴンチャロフもそうした店ですね。戦後の1950年代、満州やサハリンにいた日本人の強制退去に伴い、その妻たちも日本に来ました。その人たちは仕事がなかった。じゃあ仕事作ろうと『スンガリー』を開店したんです。うちの店の初代の料理人、白系ロシア人のクセーニアもそうした一人でした」

客の出が遅い新橋から、京橋へ、そして新宿歌舞伎町に越す。

「コマ劇場のそばで、芝居がはねるとエノケン、ロッパなど芸人さんがやってきた。林家三平師匠が例の調子で、スイマセンとお客にウォッカをついだりして。牧伸二さんが即興でウクレレ漫談をやったりして楽しい店でしたよ」

それに混じっていたのが主人の幸四郎さん。

「元々声がよくて、ハルビンではプロのオペラ歌手に声楽を習っていたんです。自分が歌手になりたかった人。酔うとバリトンで朗々と『ステンカラージン』を歌ったりしていた。キングレコードに勤めてたんですが、独立して芸能プロをやっていたこともありました。売り上げもってどっかに行っちゃうし、振る舞い酒は好きだし、大変でした」

淑子さんは店を守り、3人の子供を育てた。長男の幹雄さんは住友金属の副社長に。長女の幸子さんは大阪フィルのバイオリニストに、次女の登紀子さんは東大在学中にシャンソンコンクールで優勝、歌手となった。

「コマ劇場に越路吹雪さんが出て、うちにもいらしたからかもねえ。登紀子のシャンソンコンクールに応募したのは主人なのよ」

代々木駅の近くの事務所でお話を聞いた淑子さんは本当にすてきな方だった。


孫の代になり、ジョージア料理や冷凍・冷蔵の宅配も

あれから14年、私は久しぶりに西武新宿線の新宿駅に沿

20歳の加藤淑子さん

った道にある「スンガリー本店」を訪ねた。新宿らしいきらびやかなネオンの陰で、気づかないような控えめなたたずまいの看板。入り口から狭いらせん階段を下りていくと、わーお、そこはロシアである。

私はその後、『女三人のシベリア鉄道』を書くために与謝野晶子、宮本百合子、林芙美子、が乗ったシベリア鉄道でウラジオストクからモスクワ、パリまで旅をした。別に大連からハルビンまでも列車の旅をした。太陽島や旧大連大和ホテルに泊まったときは「スンガリーの淑子さん、どうなさっているかしら」と思ったものである。


経営は孫の暁子さんに変わっていた。

「祖母は101歳まで元気でおりました。祖父の方は1992年に交通事故で亡くなったんですが。祖母は最後まで孫やひ孫の面倒を見、忙しい登紀子の健康管理のため、毎晩夕食を作っておりました」

本当に一族の要《かなめ》でいらっしゃったんですね。

「はい。私たち孫にもおばあちゃんの作るお料理はわすれられません。赤いビーツの入ったボルシチ、ペリメニというロシアの餃子みたいなお料理。うちのペリメニは合い挽き肉です。ロシアでカツレツというのはハンバーグにパン粉をつけて焼いたもの。これもなつかしいです。リンゴを煮たり、お誕生日はおばあちゃんが料理をしてくれ、呼んだ友達にも好評でした。本当に祖母も祖父もロシアが大好きで、憧れておりましたので。商売と言うより、ロシアの文化を広めたいと……」

あのころとお店は変わりましたか？

「本店は昔のまま、祖父もこのインテリアは見ています。青山の一等地にコンサートもできるすてきな大人の遊び場『テアトロ・スンガリー青山』があったのですが、あそこも立ち退きにあいました。スバルビルの地下の店もビルの建て替えでいまは3丁目店に。あそこは場所がよくてランチは行列でしたので、引っ越しは残念でした」

店内で、加藤暁子さん（左）と筆者

新宿の変化は激しいですね。京都にも系列のお店がありますね。

「はい、キエフという店を淑子の長男の幹雄の娘、美知世がやっております」

創業者ご夫妻は京都の生まれですものね。

暁子さんがこの仕事を継ぐまでは？

「祖母のあと、母がやっておりました。母はバイオリニストでしたが、加藤登紀子のマネジメントもしながら、スンガリーもやってたんですよ。私は1988年にニューヨーク大学の大学院に入って、ホテル業界におりました。アメリカに10年以上どっぷりつかったら帰れなくなる。祖父の死を期に、1995年に帰国して、スンガリーのマダムになりました。祖母の3人の子供に3人ずつ孫がいますが、みんな学生時代、うちでアルバイトしてるんです。今、鴨川王国で農業の傍ら歌手の活動をしているYaeも、うちでアルバイトしてた。ここで、仕事の手が空いたときにギターの弾けるスタッフの伴奏で歌ったのが自分の歌手としての初舞台だといってます」

ご一族、仲がいいんですね。

「はい。祖母がそれをつないでました。Yaeが出産のときは鴨川へ、Yaeの妹が出産のときは沖縄へ、どこでもさっと飛んで行って手伝うおばあちゃんでした」

一つのお店を続けるのは大変だと思いますが、新しいこともなさっていますか。

「最近はジョージア料理ですね。元はグルジアといって、ソ連崩壊とともに独立してジョージアと名乗っています。これは龍を退治する聖ゲオルギウスに由来する名前で、ギリシ

ボルシチ

ウクラインスカヤ・カトレータ（三元豚のマッシュルームとチーズの包み揚げ、トマトソース仕立て）

ア正教系のキリスト教国です。ワイン造り8000年の歴史があります。当時と同じ、素焼きのかめで作るクヴェヴリワインが人気です。ロシアは寒くて野菜の種類が少ないところですが、ジョージアは黒海に近く、気候がよくて野菜も果物もおいしい。最近では『松屋』なんかでも出していた、シュクメルリという、鶏肉を生クリームとどっさりのニンニクで煮込んだお料理が人気が出ました。

そこで育つワインがまたオーガニックでおいしいのですが、生産が小ロットなのでなかなか高価です。以前はロシアでお金持ちが飲んでいましたが、ソ連崩壊でジョージアが独立して西側諸国に販売ルートを求めました。オレンジワインというのもおいしいですよ」

料理人はかつての味を伝えていますか。

「今の料理長は20歳そこそこで入店し、もう30年。とても研究熱心。3丁目店はこのジョージア料理を強調したメニューで、内装もそんな感じです。最近はアゼルバイジャン料理も開発しました。また外出できないお客様のために、全国へ冷凍と冷蔵で真空パックのお料理を宅配便でお届けします。これも、ロシア料理店のない地域では大好評で、北海道や九州でも、リピーターが増えています。おいしかったから贈答用にというのも。うちは店でお出しするのと同じように作っています」

アミューズ、ニシンのマリネ、サーモンのクレープ巻き、ボルシチ、ピロシキ、キノコのクリームパイ包み、羊のシャシリク、すべて味に狂いがない。「羊はアジカという辛い調味料をつけるとまたおいしいんですよ」という暁子さんと、メキシコやヨルダンの旅の話で弾んだ。最後は紅茶とバラのジャムなど。「中に入れずに、ジャムをなめながら紅茶を飲むのがロシア流でした」

コロナ流行のさなか、なかなか海外旅行ができないが、スンガリーの階段一段ごとにロシアに近づいていく感じがある。

池林房　◎居酒屋
主人は若手演劇人のパトロン

新宿区新宿3丁目8－7

新宿三丁目、都営地下鉄大江戸線のC5を出るとすぐのところに池林房《ちりんぼう》という演劇関係者がよく行く居酒屋がある。と言っても赤提灯ではない。私がその店を知ったのは毎月読んでいた『本の雑誌』にいつもその店の広告が出ていたからだった。

「あれ、1回15万くらいかな、応援のつもりで出してたんだよ。あれで店に来た客はほとんどいない。でも編集部の椎名誠、沢野ひとし、木村晋介さんたちがよく飲みに来てくれてたからね、本の好きな連中が、割と集まったんだ」と店主の太田篤哉《とくや》さん。彼の『新宿池林房物語』も本の雑誌社から出ている。

太田篤哉さん、通称トクちゃんは、昭和20（1945）年の北海道は岩見沢の生まれだ。

「鉄道の要衝で、父は国鉄の職員だった。雪の深い、寒いところでねえ」

勉強は割とよくできた。北海道大学はじめ最初の年は全部落っこった。札幌に行って浪人生活、そんなに勉強しないで、2年目も受験はうまく行かなかった。

「それで親に内緒で東京に。最初に住んだのが駒澤大学の友達の下宿で柏木。すぐそこが新宿の繁華街で、新聞配達、キャバレーのボーイ、それからずっと新宿で生きている」

上京は何年ですか。

「1964年、昭和39年の東京オリンピックの年の2月だった。まだ新宿西口のロータリーの工事やってたな。びっくりしたのは、山手線とか、総武線とか、地面じゃなくて高いところを通っている。北海道じゃ鉄道は平原を走るものだった」

19歳の篤哉さん、いずれ札幌あたりで喫茶店をやってみたかった。ネルのドリップで淹れたおいしい珈琲をお客様に飲ませたい。

「それは故郷岩見沢に、素敵なジャズ喫茶があったから。ナベサダさんも山下洋輔さんも北海道に来るとそこで演奏するというような。その伝説のママも素敵な人だった。もう亡くなったけど」

しかしキャバレーやそのあと歌声喫茶「どん底」のボーイをやって、珈琲なんか売って

主人の太田篤哉さん

る場合じゃないと思ったそうだ。お酒を売ればなんて儲かるんだろう。

「テレビで見てたような三島由紀夫や美輪明宏や、みんな目の前にいるんだわ。そのころ『ピザ』もお好み焼きも何のことかわからなかった。3年は『どん底』で働きました」

ここは矢野智さんという演劇青年が昭和26年に始め、1、2階がバーで、3階が歌声喫茶だった。もちろん店名はゴーリキーの劇「どん底」の名から。

「下で飲んでいても、3階で歌うロシア民謡が聞こえてきたよ」

「ボルガの船唄」、「カリンカ」……そういう時代だったですね。太田さんはその後、「もっさん」というこれまた伝説のバーのママのもとで10年働いた。

「もっさんの坂本ママは『まえだ』のママとゴールデン街でコンビを組んでいたこともある。2人は全然、性格が違うの。片方は強気、片方は泣き虫。合うわけない、で独立。僕も独立しようと思ったのに、ママがお腹大きくなって後はよろしくってわけで。そのころ店にいたダダという女性も、

池林房の入り口

暗黒舞踏家の麿赤兒《まろあかじ》との間に年子で2人産んで、それが今のタツとナオ（大森立嗣《たつし》と大森南朋《なお》）。

まあ好きなようにやらせてくれたからね。そのころ、33歳で和光大学に入学して、割と真面目に小田急線に乗って通ってたんだよ。若い女性とお話ししたくてさ」

そんな時の太田さんの顔は少年のように初々しい。現在の池林房を開いたのは1978年、5年後に陶玄房《とうげん》、その後も浪曼房、犀門《さいもん》、梟門《きょうもん》と5店舗を持つ「新宿の夜の帝王」？に。

「内装をやってくれたのが、紅谷さんて絵描きさん、これは『もっさん』のママの恋人、屋台みたいなのをケヤキで作って、店名もつけてくれた。『ん』が付くと人が来るというので、全部『ん』がついてる。つまみはこんにゃくとジャコの炒めたのなんか、もっさんの頃からのメニューで僕が作ってたね」

お客に演劇や映画の関係者が多いんですね。

「『もっさん』が花園神社のそばにあった時に僕がいたからね。唐十郎が1967年、紅テントを境内でやってたころ、そこに来ていた役者が僕が店を出すとそのまま来てくれた。それと、新宿に女性が一人で、または女性同士で入れるおしゃれな居酒屋がなかったこと、おいしいつまみが出ること、打ち上げなどに大勢で入れること、だね。原田芳雄も桃井かおりも四谷シモン、小林薫、大久保鷹《たか》、本の雑誌の連中もみんな来た。演劇と映画の関係者、俳優だけじゃない、脚本家、大道具や音声の裏方さん、打ち上げもうちでやったよ。お金がない、これでやってって。井上ひさしさんのこまつ座は井上さんがちゃんとたっぷり払ってくれたね。芝居をたくさん見たんで、今じゃ、隣に自社ビル建ててホールも作って、若い連中に安く貸してる」

太田さんは若手演劇人のパトロンでもある。アルバイトにも演劇青年がいて、稽古や公演の時は休める体制にしている。

「そんなのシフトを繰り回せばいいんだから。うちはちゃんと社保完備ですよ」

ある時一人で、この店の屋台のカウンターに座っていた。隣に座った人をパッと見上げると原田芳雄さん。ヨレヨレのトレンチ、サングラス。私の仕事仲間は熱烈な原田芳雄ファンである。店の電話を借り（まだ携帯のない時代）こっそり電話した。「今新宿の池林房。隣に原田芳雄がいる。すぐ来ない？」。そう言おうと思ったら、出たのはその旦那。『ノリコは今風呂に入ってます』。しかたなく私は隣の人に頼んだ。「うちのスタッフ、原田さんの大ファンなんです。握手してもらえますか」。その手を洗わずそのまま次の日ノリコと握手。ノリコも洗わず、その手で頬杖ついて言った。「ああ、会いたかったな」。

トクちゃん、いつも泰然自若

太田さん、他に趣味はないんですか？

「60年代かな、いっときラグビーが盛んでさ、野坂昭如さんもやってたし、この辺でもチームができた。うちのクラブもあるの。でもあれガチンコだから、けっこう怪我するやつも出る。昔の上司は何も言わなかったが、最近は、怪我するともうやめろ、ということになるんだね。今はねえ、椎名さんたちと週末は麻雀かな」

ずいぶん楽しそうな人生ですね。お店はずっと大繁盛だったんですか？

「ご覧の通り、今はコロナで閉めてる（＊非常事態宣言時）。だって3時から仕込みをして、6時に店を開けて、7時までしかお酒は売れないんじゃ、とうてい店は回らないもん。でもずっと右肩上がりで来て、バブルの時はすごかった。スタッフ連れて海外旅行も行ったし、この辺のおいしいものも食べて贅沢したし、思い残すことはないね」

20時間働き、4時間しか寝ない時代が長かったという。

「だから、友達でもくれば別だけど、店では飲まないよ。この商売は、とかく朝まで飲みすぎて突然死ぬやつや、いろいろあるからね」

トクヤさん、いつも泰然自若ですね。

「北海道の大平原を見て育ったからかなあ。あまり悲観しないんだよ。どうにかなると思うし、今まで良かったからいいやとも思うし。100まで、死ぬまで働く」

そう言って、気軽にかつて働いた「どん底」までセーター姿で案内し、一緒に2杯でべロベロになれるという名物「ドンカク」を飲んでくれた。

8. 銀座・日本橋

ビル屋上のビアガーデンの女性たち＝千代田区有楽町
1966（昭和41）年　©朝日新聞社

男女雇用均等法以前、四大卒女子にまったく就職口がなく、ようやく潜り込んだ会社は銀座7丁目のドバトが窓にくる古いビルにあるPR会社だった。しかし、その会社の隣にあったのはシャンソンの銀巴里《パリ》。銀座通りに出ればすぐにビヤホールライオン、通りを渡った奥にはピルゼンというこれまた感じのよいビアホール、夏になれば阪急の屋上がビアホールと、若者が楽しむにはいい場所だった。

お昼には吉宗の蒸し寿司に茶碗蒸しがおいしかったが、銀座ナインに移転した。「カフェ・パウリスタ」という喫茶店も古い。資生堂、服部時計店などのショーウィンドウで流行を知り、黒岩や伊東屋で文房具を買い、ヤマハで楽譜を買い、4丁目の角にはあんぱんの木村屋と洋書イエナ書店があった。

初めて社会にデビューするにはなんと刺激的な町だっただろう。画廊も多い。裏の方にはまだまだ路地が残っており、麻雀屋や町中華、バー・ルパン、ランブルもあった。私は会社には当たらなかったが、「町ガチャ」の運はいいほうだ。しかしこの本に収めようと思っていた「新富ずし」、ビアホール「ゲルマニア」、韓国宮廷料理の「清香園総本店」もなくなった。歌舞伎座のおともであった「木挽町辨松《べんまつ》」も閉店したのが寂しい。

鳥繁　◎焼き鳥

焼き鳥って、こんなにおいしかったのか

中央区銀座6丁目9－15

秋が深まると無性に焼き鳥が食べたい日がある。
あー、カウンターに並んで、
あー、ビールかレモンハイで、
あー、手羽先にかぶりついて。
鳥を串にさして食べる、というのはいつからだろう。徳川さまの御世《みよ》のことではあるまい、と明治の資料を見ていたら、
「鳥鍋《とりなべ》や料理屋で使ったあとの肉をこそげて、これを煮、串にさす。ひと串が五つか七つざしで、下谷《したや》・浅草へんで五厘か一銭」
と出ている。（「読売新聞」明治30〈1897〉年3月22日）
または「鶏の筋や臓物《ぞうもつ》を田楽刺《でんがくざ》しにして蒲焼きにしたもの」を焼き鳥と称している。もとはわれら下々が立ち食いするものであって、それは鮨だって蕎麦だって、天麩羅だって

そうだった。いつのまにやら、焼き鳥も高級な店が増えてきた。

銀座6丁目、小松ストアーの一本裏通りにある「鳥繁《とりしげ》」は、昭和6（1931）年の創業。場所は銀座だし、とちょっと構えて入ったら意外、カウンターに、椅子席に小上がりという、気楽なつくりだった。白い割烹着の女性たちと紺《こん》の半纏《はんてん》の若い男たちがきびきびと働く。その奥で備長炭《びんちょうたん》の焼き場に団扇を持って立つ白衣の男性が、保立《ほたて》三郎さん、この店の重鎮である（※取材当時。故人）。

「この店は私の長兄、次兄、三男の私と弟、4人兄弟に、そのかみさんたち、末の妹、まことに家族ぐるみでやってたんですが、いまちょっと代替わりで……」

それぞれの息子さんたち、つまり従兄弟が仲良く働くが、これがみんな清々《すがすが》しい美青年だ。

「店の若い人の対応が親切で気持ちよい」

とはこの店を推薦してくれた人の弁であった。三郎さん夫妻も、店の上に住む。ご本人も銀座生まれ。泰明《たいめい》小学校卒である。へェ、いまどき銀座のビルの上に住んでるなんて。

「この町内で2軒だけです」

と三郎さん。鳥に塩をパラパラとふりかけるのに、手首がしなやかに回る。この加減が一番、むずかしいという。

「煮物みたいに味見するわけにいかないし」

まず、手羽の塩焼きが来た。脂《あぶら》がのっている。次は季節だからと松茸を鴨肉でくるんだもの。なぜか夫婦《めおと》焼きという。さらに秋田の比内地鶏《ひないじどり》。これは東京軍鶏《しゃも》、名古屋コーチンと並ぶ日本三大地鶏。串先にモモ肉、ネギをはさんで下の方にムネ肉。しかしムネ肉もパサつかず、歯応えがあり、噛むほどに味が口いっぱいに広がる。

あら、次に「阿波尾鶏《あわおどり》」が来ちゃった。

「阿波踊りにかけているんです。駄ジャレでしょう」

とご主人が一言。JAS規格認定1号、アスパラギン酸を含む、味のいい、水っぽくない鶏である。

焼き鳥ってこんなにおいしかったのか。

さらにたれでレバー、つくね。その一つ一つが大きくて、「女性なら5、6串でしょう」といった意味がよくわかった。男性でも9、10串で充分らしい。

漬物もさっぱりしておいしいが、うずらの玉子の入った鶏スープと名物ドライカレー、これがまた絶品だった。

始まりは屋台。戦前は芸者さんで繁盛

少し店の歴史を聞こう。

——昭和6(1931)年に始められたのは?

「私の父です。保立繁之助《しげのすけ》。で、『鳥繁』です。茨城の鹿島《かしま》の生まれで、最初、鳥屋に奉公し、その後、日本料理の修業をしました。開業したときはもう所帯を持っていて、母なかも茨城の人。最初は2人で銀座のこのあたりに屋台店を出しました」

前の店にいたとき、ひいきだった慶應の学生が、兄弟で来てくれた。三井の直系の人だった。そのうち前の交詢《こうじゅんしゃ》社をはじめとして客が増え、屋台から内店に——。

「かなりうまくいった方でしょう。喜劇役者・古川ロッパさんもよく来てくれました。私は昭和11年生まれですが、戦前の銀座をうっすら覚えてます。表通りは柳の並木でね、夜になると露店が出た。食べ物屋は少なかったですねえ、日用品とかお土産《みやげ》の店で。

この周りは花柳界で、芸者さんがよく使ってくれました。私なんか置屋《おきや》に上がって遊び、ずいぶんかわいがってもらったもんですよ。

小松ストアーは昔、洋食の『松本楼』で、そうそう『山下』という四條流の、裃《かみしも》を着て

1938（昭和13）年ころの２号店。繁之助、なか、繁、敏雄、三郎が写っている

包丁握るという料理屋もありました」

　昭和18年、5人の子を残し、大黒柱の初代が亡くなる。夜中に子どもを起こし、おい、洋食食べに行こうよ、という子《こ》煩悩《ぼんのう》な父だった。上の3人は空襲を避け、茨城の田舎《いなか》へ疎開する。

「下の2人をここで母が見てました。戦時中でも、ギリギリまでやってたようですよ。鶏の代わりに食用ガエルやすずめを焼き、お酒は配給で入ってきた」

　母なかさんは気丈にも、戦後の昭和21年には店を再開。

「母を助けなくちゃと、僕らみな、新制中学終わるとすぐ働きました。いや中学のときから手伝ってましたね」

銀座鳥繁のお昼限定セット。焼き鳥の他に名物ドライカレーも付く

三郎夫人・君代《きみよ》さんもいう。

「母は女傑ですね。私、22歳で嫁いできて、まず漬物のつけ方から教わりました。4人の嫁がみんなおばあちゃんを守《も》り立てて働いてたんですから。慰安旅行はバス1台借りて、まるで一族大移動でした」

家族経営の親密さ、あたたかさと、なかさん仕込みの凜《りん》としたしつけが孫の代まで生きている。この地に約30坪を求め、ビルにしたのが昭和38年。君代さんは家の夕食をつくってから、鍵をかけて店に降りた。

「子供に店をウロチョロされちゃ、かないませんから」

次々入ってくるのは、銀座の旦那か1人客、背広の決まった2人連れ、外国人混成3人組。さっさと食べ、飲んではさっと出てゆくマナーのよい客たちだ。席が空くと次の客に「ただいま片付けます」「お待たせして申し訳ございません」とカウンターの中から小気味よい声がとぶ。

お店には山田五十鈴《いすず》、三船敏郎、三橋達也、森繁久彌氏も見えたそうだ。

「大正生まれの大正会、というのを、2階を貸し切ってなさったこともありました」と三郎さんはサラッという。アルバイトは明治大学の学生が多い。テニス部を中心に先輩が後輩を紹介していくので、礼儀正しくよく働くという。

「卒業するときは両親を連れて来てくれるし、就職するとまた同僚と来てくれます」

銀座の焼き鳥というだけで敷居が高いが、メニュー表を見ると十分自腹で来られる店である。

「来月は野生の鴨が新潟から入ります。またどうぞ」

丁寧な応対で、店を出るとポッと心があたたまった。

当主の保立繁一さん

コロナのせいと思うか、コロナのおかげと考えるか

十数年ぶりに行ってみると、三男三郎さんは亡くなり、長男繁さんのまた長男繁一さんの代になっていた。

「もう父の代は紋四郎叔父しかいません。前回取材に来られた当時、父はもうお酒飲んじゃって、店は三郎叔父にかかっていました。いとこみんなここで育ったんです。日比谷公園が遊び場で、皇居のお堀で遊んでいて捕まりそうになったときはさすがに走って逃げました。僕は海が好きで、大学はハワイに行って、向こうで子供も生まれて、30くらいですかね、戻ったのは。行くときは父とは大げんかしましたよ」

じゃ、戻られて喜ばれたでしょう。焼き鳥は誰が焼いていたんですか。

「焼き台が三つあってね、店の一番手前が親戚筋の山中さんて人でカリッと焼く、頭も切れるし、名人で、15の歳から70まで55年勤めてやめるときは職人の引退ということでテレビ東京の番組になりました。その奥が次男の敏雄叔父、これも気が短いからかりっと焼く。2階は三郎叔父の縄張りで、ゆっくりしっとりと焼きました。その焼き加減と、一台ごとに母ちゃんたちがついていて、『それであのお話、どうなりました？』と続きを聞いてくれるので、それぞれにひいきの客がいたんです。

うちは朝日、読売、電通、資生堂、もちろん前の交詢社のたまり場みたいになっていました。そろそろ俺ががんばらなくちゃと、三郎叔父の彼のバイクのあとを自転車で追いかけて築地に仕入れに行ったり、問屋の交渉、八百屋にもついていって、仕事を覚えましたねえ。今日は三郎さんの位牌に『森さんがまた見えましたよ』と報告しときますね。

2021年で90年、僕もお客様との会話を楽しみにやらせてもらいました。コロナになって年配の常連さんが見えなくなって。僕は老後はハワイにいって炭火焼きのレストランでもやろうかと狙ってたんですが、それどころじゃなくなった。でも、コロナのせいと思うか、コロナのおかげと考えるか、あのまま行ってたら、忙しすぎて命縮めてたかもしれないな。そう思うと、これからのことをゆっくり考えることができた。土日は絶対休む、楽しんで仕事する、と決めました」

土日は何をしてらっしゃいますか。

「決まってますよ。神奈川で波乗りしてます」。マリンスポーツに鍛えた精悍な体。引き締まった顔が一瞬、ほころんだ。

ナイルレストラン　◎インド料理
日印親善は本物のカレーから

中央区銀座4丁目10－7

新内《しんない》の名人・岡本文弥《ぶんや》さんは句や短歌も上手であったが、その中で私が好きなものに、

春塵《しゅんじん》やいっそままよのボンカレー

というのがある。もう一つ。

それらしき匂いただよい晩めしは
ライスカレーかと心浮き立つ

文弥さんは本当にカレーが好きだった。それもカレーライスではなく「ライスカレー」。明治の人だねえ。英語では「Curry and rice」が正しいらしいが、インドに行ってみたら何でもカレー。どろどろした茶褐色の液体で、それを右手でご飯に混ぜて食べる。

この「混ぜて混ぜて」を教えてくれたのは、昭和通りに面した東銀座「ナイルレストラン」のA・M・ナイルさん。昭和52年ころ、私は銀座の新米OL時代、この店を何度か訪ねた。

定番は「ムルギーランチ」。ごく柔らかく煮込んだ鶏のモモ1本が丸ごとライスに添えられ、その骨を店の人が手際《てぎわ》よくはずし、「混ぜて混ぜて」というところも、もちろん味もまったく変わっていない。

変わったのは店主だけだ。まっ赤な花模様のシャツ。極彩色の毛糸のチョッキというG・M・ナイルさんは、故A・M・ナイルさんの次男。話を聞きにいった私を「前にお見えになったでしょう」と覚えていてくれた。

それにしても目立ちますね、というと、

「四丁目交差点を渡っていると、遠く離れた8丁目の人が言います。あ、ナイルのオヤジ

お客が切れ間なく。ナイルレストラン

初代のA・M・ナイルさんと息子のG・M・ナイルさん

ムルギーカレー

だ」

このスタイルでテレビのバラエティ番組でも人気者。すごい早口。

「この店を1949（昭和24）年に始めたのは母です。母は昭憲《しょうけん》皇太后みたいな女性だから。威厳があって父は頭が上がらない。革命運動の果てにインドがようやく独立し、父が腑抜《ふぬ》けみたいになったころ、母が生活のために始めたんです。父も店にいて、もちろん看板でしたが」

A・M・ナイルは、1905年、インドで一番小さいケララ州の州都トリヴァンドラムで生まれた。アラビア海の青い波に洗われ、西ガーツ山脈を背にして、椰子《やし》の林と緑の水田が広がる美しい町の名家に生まれ、1928（昭和3）年、日本に留学、4年後に京都帝国大学工学部を卒業した。

「父の兄も北大の水産学部に学んでいます。要するに祖父が日本びいきだった。日露戦争で小国日本が強大なロシア帝国に勝ったというので、日本に行けといったのでしょう。インドがまだイギリスの植民地のころですよ。大変なことです」

1907年、インドの愛国的青年たちは、まずカリフォルニア大学バークレー校でガーダル（反乱）党を起こしたが、京都帝大工学部に学んだA・M・ナイルも、いきおい工学よりも政治活動に向かった。

上京して、高名な革命家ラス・ビハリ・ボースと出会い、彼を支援していた頭山満《とうやまみつる》、大川周明《しゅうめい》、板垣征四郎《いたがきせいしろう》らと親交を持つ。ボースは頭山の世話で新宿中村屋の娘・相馬俊子《そうまとしこ》と正式に結婚している。

「卒業後、父はインド独立のため、満州やモンゴルを飛びまわりました。そして1939（昭和14）年に埼玉県の旧家の娘・浅見由久子《あさみゆくこ》と出会って結婚したのです。当時としてはなかなかあり得ない結婚ですが、母は父の独立運動をよく支えました」

1942年3月28日、東京山王ホテルでインド独立連盟東京会議が開かれる。そのお膳立てもした。インドの愛国者たちは、日本がイギリス帝国主義と闘うかぎりにおいて、日本と利害が共通であった。

終戦の年に、ラス・ビハリ・ボース死去。そしてA・M・ナイルは極東国際軍事裁判（東京裁判）で唯一、日本の無罪を主張したパール判事の通訳として、これを助けた。またサンフランシスコ講和条約の締結を拒否したインドが、日本に対するすべての賠償権を放棄し、日本との単独講和条約を結ぶのにも奔走したという。

「開店した1949年、日本に外国料理の店は中国料理、韓国料理、それと第一次大戦で捕虜になったドイツ人のドイツ料理くらいでした。日本のカレーは〝海軍カレー〟、毎週金曜日に海軍で出したカレーが有名でしたね。これがインドのカレーとは似ても似つかないものだった。父は、『印日親善は台所から』を合言葉にしていました」

A・M・ナイルは京都帝大時代から日本のカレーを食べていた。

わたしはやがて、カレーライスを出す安い食堂をいくつも見付けたが、なかには、本場のスパイスを使っていないため、どうも味がおかしい店もあった。とはいうものの、あのころの食事は安上がりだった。大学の食堂ではカレーライスが五銭で、いま考えると信じられないような値段だった。（『知られざるインド独立闘争』A・M・ナイル著、河合伸訳、風濤社刊）

A・M・ナイルはお客に「インドのカレー、インドのカレーだよ」とインドという国名をくり返すのだった。1960年代の店の様子を料理研究家・丸本淑生《まるもとよしお》氏は書いている。

隅のテーブルにただ一人、黒い背広を着た六十前後と思えるインド人が腰をおろしていた。そこにいつも坐っている感じで、黒ずんだ岩のような印象を受けた。ところがこの人物は、素早い動作で立ち上ると、私に中央のテーブルをすすめ、ひんむけたような丸い目をぎょろつかせてそばにやってきた。（前掲書「序文」）

ムルギー（鶏肉）カレーは「ようく混ぜてね」

雄大な鷲鼻《わしばな》の持ち主は、勢いよく乱舞させた英字を伝票に書きとめ、注文を伝えるしゃがれ声が炸裂《さくれつ》した。そして主人は、ご飯とカレーが運ばれてくると、

「お客さん、それは全部かけてください。そしてよく混ぜてね」

と念を押したそうだ。いまでは大きな銀皿の上にターメリック・ライス、カレー、キャベツ、マッシュポテトがのっている。いつ行っても店では「ようく混ぜてね」の声が聞こえる。常連さんは言われなくても混ぜている。

「ムルギーはヒンディ語で鶏肉のこと。これは母がインド人に教わったレシピが元ですね」

なんともやさしい味でおいしい。開店してから70年を超す、「ナイルレストラン」は東銀座の同じ場所に、あいかわらずのたたずまいであった。何年か前、火事で全焼したときも2階建てで、元と同じに建て直した。2階の壁には、故・千葉迦陵《かりょう》の見事な壁画。

「夜出してもムルギーランチ（笑）。歌舞伎座の近くですから海老蔵さん、橋之助さんも見えます。亡くなった勘三郎さんも見えました。楽屋から付き人が取りに来ることもある。私もじつは清元《きよもと》と河東節《かとうぶし》の名取《なとり》で、よく歌舞伎座の舞台にも出てますよ」

ほかにタモリ、関根勤、竹中直人といった芸能人、現職の国会議員や大臣も来たそうだ。父上A・M・ナイル氏は、日印友好に尽くしたことで勲三等瑞宝章《ずいほうしょう》を受けた。1990年に85歳で没。

「父はインド人にも厳しく、日本人にも厳しかった。好きだからこそ、若い人が丸めたお札なんか出すと、『昔の日本人はこんなことをしなかった』と怒ってました。私も父がインド人、母が日本人、国籍はインドで、ケララ州の言葉マラヤーラム語も話せます。私の妻は日本人ですが、息子二人にはゴアで教育を受けさせました。二つの祖国を大切にしてほしいと思うからです。インド人にはアメリカやイギリスが嫌いな人が多いですが、日本を嫌いという人はいませんね」

敗戦国日本の子供たちに、ネール首相が娘と同じ名のインディラという象を贈ってくれたのを思い出す（現在はG・M・ナイルさんは会長。息子のナイル善己《よしみ》さんが料理研究家としても活躍中、昔と変わらない味だった）。

吉野鮨本店　◎すし
5代続く名代の鮨店は昼から大忙し

中央区日本橋3丁目8－11

お寿司を東京ではめったに食べない。あまりに高価だからだ。2011年まで、私は谷中の蛇の目寿司という安くてうまい寿司やをひいきにしてきたのだが、そこは東日本大震災のあと、木造長屋が危ないと大家さんに言われて廃業された。もちろん、店主もかなり年を重ねて潮時ではあったのだが。それから10年、私は主に地方出張の際、港町の庶民的な寿司屋を訪ねることにしてきた。

東京に安くておいしい寿司屋はないのか。メディアに登場するのは政治家が行くような、座れば3万というような店ばかりだ。それで、この本で紹介するのは明治12（1879）年創業、日本橋の吉野鮨本店である。この店は高島屋の本館と新館の間の道沿いにある。間口は5間くらいか。平日の午後1時になっても暖簾をくぐる人がひきもきらない。

私はカウンターの最奥に座った。付け台の前に立つのは4人の職人。みな白い上っ張りを着て、白い帽子をかぶっている。そこには紺色で吉野鮨本店と刺繍がしてある。お茶が運ばれ、注文。

8貫、10貫、11貫の3種類。それぞれに海苔巻きが付く。トロが入るのが10貫からだというのでそれにする。しばし待って、下駄といわれる木の上に赤身が二つ、トロ一つ、イカ、ホタテ、才巻エビ、炙り穴子、イカのゆでたの、いくら軍艦、玉子、そして巻物が三つ。

寿司飯が小さいという人もいるようだが、私にはこれで充分。巻物はキュウリ、中落ち、もう一つはウニだった。何から食べるか、迷う。子供のころは一番好きないくらや穴子は最後にとっておいたものだった。

イカ、これはうまい。炙り穴子、あぶってあるから温かいうちに。これも口の中で溶けるよう。マグロの赤身、柔らかく、舌触りがいい。トロ、これはもう少し、脂が乗ってもよかったかな。イカにツメが載っている、これも大変いい。卵焼きは分厚い河岸玉でなく、自家製の薄焼きでふんわり巻いてある。ここのがりは甘味がなく、酢と塩だけのさっぱりしたもの、この玉子の甘味がたまらない。これで2800円（消費税込み2980円、2021年12月）、なら、この地価の高い東京の一等地ではまずまずリーズナブルと言っていいのではあるまいか。

赤だしを別に２００円で注文した。なめこと豆腐である。

　女性2人がテキパキと働く。職人たちは注文を奥に通すが、客とはあまり話さない。お昼時のこの忙しさでは到底、その余裕がないのだろう。隣に座った年輩の男性は、熱燗を頼み、つまみに赤貝や白身魚の刺身を頼んでゆっくりと味わっていた。「しゃこはないの?」「きょうはありません」とさっぱりしたものである。満席で入れない客は「外でお待ちください」と制す。もう少し愛想があってもよいような気がするが、これが日本橋風なのだろうか。

　2時でようやく客が途切れ、5代目主人の吉野正敏さんに話を聞く。

「初代は千葉あたりから出てきて、最初は屋台店です。ご存じの通り、関東大震災前は日本橋に河岸があっ

ランチの10貫

140年以上続く暖簾

たので、そこで始めたようですよ。初代は政吉、2代目が正三郎、だからうちの祖父の昇《ます》雄《お》も父の正二郎も、江戸っ子という呼称は嫌いでしたね。幕末に出てきたんだから、俺たちは東京っ子だ、といってました。その次は今の髙島屋さんに含まれるあたりで店を持ってやっていたのですが、デパートになるので、別の土地と交換した。そんなこんなで、ここは店というものができてからでも3つめの土地です。通り3丁目から2丁目になったんですね」

江戸で一番、栄えたのは日本橋駿河町、だから文明開化期の地図を見ても、もうこの辺は家が建て込んでいますね。

「関東大震災の時の話は聞いてないなあ。戦争のときに信州に疎開した祖父は、芝居に夢中になり、帰ってきてから芸名野口元雄《もとお》（のちに元夫）、という役者になり、劇団にも関係したんです。結構映画やテレビにも出たんですよ」

その場で調べたら、ほんとだ。ＮＨＫの「事件記者」の山本部長役で人気が出て、大河ドラマの「花の生涯」「元禄太平記」「花神」にも出ておられます。「水戸黄門」とか、古くは「月光仮面」にも。

「渋い脇役、というか悪役もやりましたね。映画でも『新・事件記者』の山本部長のほか、

『タンポポ』や『マルサの女2』にも出てたね。そんなわけで、役者に夢中で、店のことはあまりしなかった。それで親父がわり食っちゃって、父も役者にも興味があったらしいが、店を守るので精一杯でしたね。祖父は役者が暇になった1990年頃から、会長に納まって、そもそも調べごとがすきだったんで、寿司の事典などを書いて、今もそれがほかの本に引用されていますね」

へえええ。5代目の正敏さんは子供のころから継ごうとお考えだったんですか。

「親父の苦労を見てましたし、親父が早く亡くなってしまったので」

ここで育ったんですか。

「はい。小学校は城東小学校って、東京駅の八重洲口にあって、八重洲の地下街が通学路でした。当時のクラスメートでここで商売している人はいませんね。ご近所付き合いはありますよ。日本橋はタウン誌もありますし、割とまとまりがよく、日本橋の上の高速道路をはずそう、なんてうちの父もやってましたし、箱根駅伝も道路元標のところに戻ってくるのがいいんじゃないかと、新年の賀詞交換会で話が出て、コースが変わりました。日本橋はビルだらけになり、この通り3丁目だけが個店が密集した最後の砦です」

お寿司は江戸前ですね。

「うちはさっぱりと辛口です。寿司飯にも赤酢と塩少ししか入れませんし。がりも砂糖は使いません。そのぶん、卵焼きはやや甘口に仕上げています。昔と違って、魚が届くまでの流通がよくなったので、タネの種類も増えました。蒸したり、酢で締めたり、煮たりの技術は、保存というより、おいしさを追求する方に生かしています。

毎日、河岸にいってこれはというネタを仕入れてきます」

今日も、ガラスケースの中のコハダや鯖、さよりが気になりました。

「おっしゃってくだされば握ったのに。好きなものをすきなだけ、めしあがっていただきたいです」

はい、次はそうしますね。

暖簾は引っ込んでも、テイクアウトを取りに来る常連さんもある。地域の防災組織の方も挨拶に見える。主人には休憩時間がない。私より先に来た紳士がようやく、立ち上がりお会計に。ソフトをかぶって出て行った。老後、なじみの鮨屋で一杯やって好きなものを好きなだけ食べる暮らしができたらな、うらやましく見送った。

9. 新橋

取り壊される前の旧新橋駅＝港区　1968（昭和43）年　©朝日新聞社

新人OLのころ、銀座8丁目にあった会社から歩けば新橋はすぐ目の前である。

新橋では駅前のニュー新橋ビルがなんとも戦後の感じを残している。様々な飲食の入った雑居ビルという感じで、この混沌とした感じが昭和らしくて、有楽町の東京交通会館とともに私の愛するものである。居酒屋などフロアにはみ出して営業していた。

新橋あたりは戦後焼け跡闇市の混乱を少しだけ残しているような気がする。誰かが「究極のオヤジ城」と言ったが、会社員が仕事帰りに飲む小さな居酒屋が、新橋の路地にはひしめいている。新橋駅前ビル1号館にも、地下、1階、2階にはそんな店が多い。かつて銀座8丁目のOLだった私は、なかなかこの男性の牙城には入れなかった。1階の小川軒でコーヒーを飲みケーキを買うぐらい。

ビーフン東　◎台湾料理
焼け跡から復興の歴史と共に70年余

港区新橋2丁目20－15 新橋駅前ビル1号館 2階

担当編集者のIさんも同じ世代、思い出の店はどこ？と聞いたら、「風刺漫画家だったオヤジが昭和30～40年代に行ってた、ビーフン東《あずま》かな。僕も週刊誌の記者時代によくあそこで飲みました」という。店の名は聞いたことがあった。すごいインパクトの店名だ。一度聞いたら忘れない。駅前ビル1号館をエスカレーターで2階に上がって午後1時半に店で待ち合わせる。ガラスの壁は東という字のちょっと中華風なロゴデザイン。内装は庶民的、なんの飾りもない。私は汁ありビーフン、彼は焼きビーフン。厨房は広くて清潔、3人の男性がテキパキと働いている。でもまたその奥に、倉庫か事務室があるみたい。

ビーフンはもち米の粉で作る細い麺だ。米粉の麺は東南アジアに多い。思ったよりあっさりした味だった。ちまきもと欲張った。中に大きな焼き豚の塊と、うずら卵も入っている。もちもちして、味がしみてなんともおいしい。店の片隅で伝票を整理しているのが主人の東俊治さんらしい。

「最近、昭和レトロブームでこの駅前ビルと、70年余りやってるうちの店というセットのお題が多いですねん。これ見りゃわかります」と今までの掲載誌を出してくれた。そんな、わざわざ取材に来たんですから、ぜひじかにお話、聞かせてください。

「昭和22（1947）年生まれ、生まれも育ちも大阪の梅田ですねん。訳あって50年以上前にここにきました」

その訳とは。

「うちはもともと加賀大聖寺の見渡す限りの大地主だった。祖父がこんなところで威張っていてもしょうがないと、当時日本の植民地だった台湾の台南で、海軍将校御用達の名だたる料亭をやってました。器は九谷焼とか使ってね。ところが、日本が負けて柳行李一つで命からがら帰ってきたそうです」

そのころ、ご主人は生まれてないが、帰ったら大聖寺の土地も不在地主ということで没収されていたという。いわゆる農地改革だ。

「日本料理を日本でやっても仕方ない。よくぞ思いついて台湾料理。それもビーフンとちまきを二枚看板に、父は梅田で戦後の昭和22年、ここ新橋は父の姉がバラックで昭和24年から始めました。そのころの写真があれ」

と壁を指差す。戦後の闇市があった時代の大きな写真（229ページ）。そのあと、東京都の新橋駅前開発があって、1966年に新橋駅前ビル1号館と2号館が竣工、その後5年遅れてニュー新橋ビル。

「その時に等価交換でビルに入りましたから、分譲で家賃はかかりません」

そのころ、今の新橋駅の反対側のSL広場に日本テレビが来て、街頭テレビで力道山をやってた。場外馬券売り場もあった。

汁ありビーフン

ちまき

東俊治さん

「人の真似はしません。うちのが世界一だと思うてます」

――そのおばちゃんのお店を俊治さんが継いだわけですね。

「継ぐも何も、父は５人兄弟で、父以外はみんな独身、子供がいない。私は子供の頃から、おばちゃんが、『夏休みに遊びにおいで』いうから来てたんです。物心ついた頃から箸を握るか、包丁握るかや。親がやってたって向きでない人はできるもんじゃないです」

18歳で上京して大学に入ったが、授業が終わると夜中まで、働いて仕事を覚えた。

「大好きでしたからね。気楽な稼業のサラリーマンにはなりたくない。あの頃、職人は３倍働けば３倍収入があった。15時間労働はあたりまえですよ。労働基準法なんか通用しません。銀座の寿司屋だって、主人が今河岸《かし》に仕入れに行くという時、『行ってらっしゃい』なんて言ったらはっ倒されますよ。『おともします』とついてって、何を仕入れるのか学ぶ。荷物も持つ。帰ったら仕込みです。夕方５時から10時まで営業時間は５時間でも、仕入れと仕込みで10時間かかるんです。それを億劫《おっくう》がるようなんは独立なんてでけしません」

――おばさんてどんな方だったんですか。

「女傑より上をいってたね。頭もいいし、客にも好かれた。もちろん気は強いですよ。いや、大阪で父と一緒にやってた上の伯母さんはもっとすごかった。父のお尻を叩いてね。それで梅田と新橋、両輪でお客様がどっときました。いまだに大阪のお客様が東京に来たら新橋の店に来られますし、その逆もありますねん。おばちゃんは平成になる前に亡くなったし、僕の兄も弟も割と早く亡くなったんで、いきおい僕が継ぐことになったんです。味は伯母と父とどちらもいいとこ取りやね。基本的には伯母の味を引き継いでます」

梅田の店は一時閉店したが、今は息子さんが自社ビルで大変ご繁盛だそうだ。

――台湾にビーフンを食べに行ったりしますか。

「いや、そんな人の真似はしません。うちのが世界一だと思うてます。まあ、新婚旅行で家内と台湾行った時、昔の従業員の人が集まってまあ、ようしてくれましたわ。歓迎歓迎で。もう海外は十分だな。桜前線を追いかけて日本の南から北まで車運転して行きたいですわ。木造のこぢんまりした旅館に泊まって。それ一

昭和20年代の創業当時の新橋駅前

番の贅沢と違いますか」

――よそのビーフンとの違いはなんでしょう。

「具を混ぜて炒めている店が多いですが、うちのビーフンは水でなくつゆで戻す。ビーフンはビーフンで炒め、野菜やエビ、シイタケ、うずら卵などの具は別に炒めて乗せています。昔はラードでしたが、健康志向が強くなり、サラダ油も混ぜています。全体に薄味で、もっと濃いのが好きな方はニンニク醬油を足していただきます」

――汁と焼きとどっちが人気がありますか?

「半々ですね。2人で一つとって、分けてる人もいます。少ない量のをとって、ちまきも食べる人もいるし。女性はちまきだけを食べたりする。ザーサイを付け合わせ、スープもあるから十分腹持ちしますよ」

ビーフンも五目、かに玉、あんかけ、坦々汁など12種類もある。

――ちまきも手間がかかるでしょうね。

「あれは手間の塊《かたまり》です。もうこの時間から明日出すちまきの豚肉をゆっくり炊いて、冷ましておく。次は米を研いで一晩寝かせて、煙が飛ぶような油で炒めて、味を一粒一粒の米に吸わせて、それに合わせダレを入れて炊く。まだ熱いうちに火傷《やけど》しそうなのを手で握るんです。そんなの慣れますやん。僕なんか、油の中に手が入ったって大丈夫ですよ」

——食材などはどこから仕入れているんですか。

「うちはみんなケンミン食品、あちらも2代目、70年の長いお付き合いだから、一番いいものを一番安く入れてもらえます」

——夜もこういう食べ方ができるんですか。

「できますよ。1人で来てカウンターでビーフンの小さいのと、ちまきをとってビール飲むお客様も多いです。予約はコースに限らせていただいて、羊肉を入れたちまきとか、変わった料理も入れます」

——いろんなお客様がお見えになったと思いますが。

「この奥に日本ヘラルドの試写室があったので、芸能関係、記者さんも評論家も見えましたね。有名人でもなんでも、普通に並んでいただきます。台湾時代の元海軍の方たちも来てくださいましたし、池波正太郎さんや漫画の富永一朗さんも見えました。皇居にお届けしたり、園遊会にお呼びいただくこともありました。お客様はもう3代目が来られます」

——コロナが流行して、このビルでも閉店されたところがありますね。お店同士のお付き合いはあるのでしょうか。

「ないです。朝、おはようございます、と挨拶するくらい。

まあ、汐留の再開発で工事中の時も大変でしたが、今回は桁違いです。前は昼食時分は行列でした。1日200人以上、席が5回転したんですが、今日は2回半、100人くらい、売り上げは半分です。これじゃ管理費と人件費で回りません。自分の給料はどんどん減らしても、店の人の給料は減らせへん。かと思うと、ありがたいですね。ちまきやビーフンのお取り寄せで、古くからのお客様が応援してくださる」

——支店を出そうと思ったことは。

「ないです。お誘いはありますが。どんな老舗の商品でも今は札幌にも仙台にも広島にもある。東京のここでしか食べられないということが大事です。いっぽう、うちのちまきをお中元やお歳暮に何十となく送ってくれるお得意さんもいてはるんです」

——それにしても血色がよく、お肌もおきれいですね。

「ビールが好きやから一日大瓶2本、そのあとお酒を4合、タバコも飲みます。それでもどこも悪くありません。ワインだって、紹興酒だって、あれ一本4合や。そのくらいはいけます。今72歳、大きな会社の偉い人でも退職しはって何もせんと、あっという間に老けますな。家は戸越で都営浅草線で15分、朝の8時にはここにきて、9時半に銀行に行って、それからずっといますから。自慢は携帯を持たんことです。店の電話にかけてくりゃいるんだから」

俊治さんはランチの売り上げを計算すると、これからちょっと昼寝だと言った。新橋の店は娘さん、婿さんが頑張っている。間に何人もお店をのぞく人がいたが、ここは2時でぴったりとしめる。またピタッと5時に開店する。原則を曲げないのも続けるコツだ。次は青島ビールでかに玉ビーフンを食べ、中華ちまきをお土産にしたい。

新橋お多幸　◎おでん

鰹と鯖節で濃い醤油だし、伝統の「関東炊き」

港区新橋3丁目7－9川辺ビル

かつて世話をしたことのある中国人留学生Oさんが、

「私、新橋のおでん屋でアルバイトしてます。店の人みんなやさしい。社長さん、とても若くてカッコイイ。先生一度来てください」

というので、「新橋お多幸《たこう》」へ。ガラリと引き戸をあけて入ると、夕刻6時ですでに満席、右手の白木《しらき》のカウンターにはおでんの湯気が立つ。お醤油の香ばしい匂い。ついつい毎晩、会社帰りに寄ってしまう人がいるのもわかる感じ。

豆腐、白滝《しらたき》、大根、玉子、それも食べやすく切ってある。

「この練り辛子も特別につくってるんです」

ナスのしぎ焼き、玉子焼き、漬物。どれも一手間かけてあり、おいしい。その上、手頃な値段だ。

昭和7（1932）年創業。初代は柿野《かきの》光春《みつはる》、愛知県新城市の出身。3代目の社長、たしかにカッコイイ柿野幹成《みきなり》さんに聞く。

「初代は最初、故郷の銀行に勤めていたらしいです。大学に行けなかったので、後から入った人の方が出世していくのがシャクで、大正末年、辞めて上京しました。そのとき、『お多幸』が大変繁昌しているって、新聞に出てたんですね。日本盛《にほんさかり》のハッピかなんか着て威勢が良い店だと。

それに憧れて、新聞の切り抜きを持って、何の伝手《つて》もないのに訪ねていった。店は銀座

2代目の柿野守彦さん

昭和7年に新橋に出店した第三お多幸

4丁目、和光の裏にあり、太田こうという女主人でした。それで店の名がオタコウ、お多幸なんです。この方の夫の連れ子、というとおかしいんですが、それが役者の殿山泰司《とのやまたいじ》さんで、店のことを本に書いてますね」

念願かなって入店した、律義で几帳面《きちょうめん》な柿野光春は、たった7年でのれん分けを許される。

「囲碁が上手《うま》かったので、番頭さんに気に入られたこともあったんですね。最初はこのちょっと先でやってました」

太田こうの本店を継ぐ人はない。柿野より、やや早くのれん分けした銀座5丁目の「第二お多幸」が日本橋に移転し、「お多幸本店」を名乗る。柿野は昭和7年、「第三お多幸」として、新橋に出店した。

枝分かれして、ほかにも「お多幸」を名乗るおでん屋は全国にあまたあるそうだ。

一家は戦争中、ふるさとの新城市に疎開し、戦後、再開したのは昭和27(1952)年だった。それまで仕入れて売る物がなく、店を開きたくとも開けなかったのである。

「初代は昭和53年、72歳で亡くなったのですが、それまで元気でした。僕が中3のときですね。花代《はなよ》というおばあさんと2人、この3階に住んでました。三畳と四畳半くらいしかない狭いところですが、自分が始め、育てたこの店が唯一の生きがいだった。

晩年は、お客様に混じり、カウンターに座ってチビリチビリやるのが楽しみで、お客さんとよく話してました。お酒は好きで、朝から飲んでましたね」

2代目の守彦《もりひこ》さんは一人息子。早くから店を手伝い、大学を出て自然に店を継いだ。スラリと細身の守彦さんのカウンター姿、写真で見るとニコニコして決まっているが、いまは亡い。

やはり大学卒業後、会社に勤めていた幹成さんが、跡を継いだ。

「不規則な長時間労働ですから、僕はサラリーマンの方がいいと思ったのですが。やっぱり店の灯を消すわけにはいかないと」

つみれやはんぺん、揚げ物、タコや貝からまた味が出て…

昼前から仕込みが始まり、4時半には開店。リタイアした常連さんなど、ふらりと1人でやってくる。夜は11時までで、後片付けをして帰宅。

おでんについて店長の木下善充《よしみつ》さんに聞く。白いうわっぱりにメガネの店長はカウンターの鍋の前にいる。大きな1メートル四方くらいの鍋には、茶褐色の液体の中にきれいに、がんも、つみれ、玉子、大根などが並んで浮いている。

「私が入ったのは1960年代後半ですかね。たまたま紹介してくれる人がありまして。最初は下働きの掃除から始めて、洗い場、ここに立つまでに何年もかかりました。初代はまじめで、かたい人でしたね」

——ずっと立ち仕事で大変ですね。

「この商売はみんなそうですよ」

赤い取り皿が何十枚と重ねられている。

「盛り合わせでなく、一品ずつ好きなものを注文できるスタイルは、お多幸の始めたことなんです。大勢のお客様がいらっしゃると混乱しがちでしょう。そこで豆腐と大根ならトウ・ダイ、とかね。玉子と白滝ならタマ・シラとか覚えやすいように注文を通すんですよ。語呂《ごろ》がいいように。ちくわとちくわぶを間違えちゃいけない。チク、チクワブと言い分けてます。スジと牛スジもまるで違うものですからね」

木下善充さんはおたまであくをすくい続ける。あくなき闘い。ときどき長い菜箸で、そっとなでるように玉子やがんもをつゆに沈める。まるでおかあさんが子どもの肩を湯船に沈めるように。

――何がおすすめですか？

「まあ冬は大根ですね。うちのつみれは特製でおいしいですよ。豆腐は人形町の双葉《ふたば》さんのもの、はんぺんは日本橋の神茂《かんも》さんのもの、コンニャクも大原さん、宮内庁御用達《ごようたし》の店から入れています。厳選した品物ですから自信をもっておすすめできますね」

手前から素材をそっと鍋にすべらせて入れ、奥の方へゆっくりゆっくり差し込みながら迫っていき、いい色に上がったのを皿にのせて出す。

大根に濃い目のだしがしみて

「関西はだしをコブでとって塩味主体ですが、関東炊きのだしは鰹《かつお》と鯖節《さばぶし》が主体で醤油が濃い。といっても昔にくらべたらこれでも薄くなりましたよ。つみれやはんぺん、揚げ物、タコや貝からまた味が出て、複雑微妙になります。それを大根や白滝、がんもが吸う。牛スジは他と混ざらないように煮ています」

この間も店長はゆっくりと箸を動かし続け、隣では次々と仕込み。貝やタコやギンナンを串に刺し、さっと茹だったまっ青なフキが積み上げられ……もう垂涎《すいぜん》。

――何が一番気を遣いますか？

「仕入れの量ですね。この商売、やはり寒いときの方がお客様が多い。大雨が降ればお客様は減る。むずかしいのは季節の変わり目。あたたかくなったかと思うと急に冷えた日は客が増え、寒くなりはじめに小春日和であたたかければ減る。昼まで天気だったのに夕方土砂降りとか。天気を読み、仕入れをロスしないというのが鉄則ですね」

――楽しいことは何ですか？

「そりゃあたくさんありますよ。毎日のように来てくださるお客様と話したり、退職されたかつての常連さんが、変わりはないか、とひょこっと見える。二代、三代にわたるお客さんもいますし。帰られるとき、笑顔でおいしかった、来てよかった、と言われると一番うれしいですね」

――客層は変わりましたか？

「うーん、新橋という土地柄、サラリーマンの方が8、9割ですが、いいお客様が多いですよ。以前は上司と部下、カウンターで仕事のお説教したり、新人を飲ませてへべれけにしたり、飲めば必ず上役がおごるというのが決まりでしたが、いまは同僚で割り勘が多いですね。男性がほとんどでしたが、いまはお嬢さん2人カウンターに座ったり」

毎日来る客はカウンターに座り、おでんを一、二種、つまみを一つでとっくりをかたむけ、サッと立つ。茶飯《ちゃめし》に豆腐と濃い汁をかけ、混ぜて食べるのもオツ。盃を口に運んでいると遠鳴りのようにゴトンゴトンと電車の音。まさにここは新橋なのであった。

追記　新橋お多幸はその後、新橋1丁目から3丁目に移転、3代目幹成さんが相変わらずがんばっている。

柿野幹成さん

新橋亭　◎中華料理
気難しい谷崎潤一郎をなだめた味

港区新橋2丁目4－2

かつて内幸町《うちさいわいちょう》から新橋へ向かって歩いていくと、道の反対側にいつも「新橋亭《しんきょうてい》」が見えた。が、よく見ると、その建物は隣の古いビルとつながっている。まあ、よく残っているもんだ、いつごろできた店だろう、と思って何度も通り過ぎるうち、こんなエピソードに出会い、仰天した。

昔の作家はみな気難しかったというが、ことに永井荷風と谷崎潤一郎は大変だった。屈指の大出版社の社史『中央公論社の八十年』にも「『荷風全集』は、昭和28年（1953）四月、荷風をしくじらなかったただ一人の編集者高梨茂《たかなししげる》の手によって無事完結した」とある。

編集者でもある私は、ここを読んでゾォーッとした。つまり他の人は全員「しくじった」のだろう。「しくじる」とは、落語で芸人が旦那の機嫌を損ねたりするときによく使う。

荷風、谷崎は食道楽《くいどうらく》でも有名。谷崎の方は、朝ご飯の最中にもう昼ご飯、昼には晩ご飯に何を食べようかと考えるほどだった。夕食はぴったり6時半、家の女たちがきちんと着がえて定刻に席につかないと機嫌が悪い。戦時中、庶民が食うや食わずの時代にも、谷崎は熱海で、鯛や平目を食べていた。

創業当初の新橋亭

北京ダックや豚の角煮、フカヒレスープの入ったコース

その健啖《けんたん》ぶりはあきれるほどだが、戦後、こんなエピソードがある。

昭和24（1949）年のある日、中央公論社の幹部は谷崎を秋葉原の鮨屋に招待した。先代でウマのあった嶋中雄作《しまなかゆうさく》が急死し、子息鵬二《ほうじ》が新社長となっていたころである。

そのころはまだ、鮨などにありつける時代ではなかった。その店では鮨では大した金がとれないので、しきりに怪しげな前菜を出してくる。オムレツのようなものさえ出た。谷崎の機嫌がみるみる悪くなった。若社長を怒鳴るのも大人気ないと、その場では我慢したが……。のちに嶋中は、評論家・小林秀雄（当時、創元社取締役）にこう言われたという。


谷崎にオムレツを食わせる馬鹿がどこの世界にいる。あのとき谷崎はいきなり創元社に入ってきて、中央公論社にひどい目に遭った、すしを食わせるからというからついて行ってみたら、オムレツを食わせた。むしゃくしゃして仕方がないから、口なおしに支那料理をごちそうしてくれといって、社長の小林茂をひっぱって新橋亭に行ったのだぞ。谷崎にオムレツを食わせるようでは、お前は出版屋は落第だ。（『中央公論社の八十年』）

嶋中はその後、谷崎にご馳走することを怖がったという。むしろ若社長に同情してしまう、作家が威張れた時代のエピソードである。

そういうと、新橋「新橋亭」の2代目社長（現会長）・呉東富《ゴトウフウ》さんは、遠くを見るように語り始めた。

「なんだか聞いたような気がしますねえ。それはうちが開店してすぐのことでしょう」

初代・呉宝祺《ホウキ》さんは1901年生まれ。福建《ふっけん》の人。上海《シャンハイ》の料理店のトップをつとめ、大変腕の良いコックとして有名であった。いまは宴会場になっている目黒雅叙園《がじょえん》の細川力蔵《りきぞう》が、昭和10（1935）年、日中関係の悪いころ、わざわざ上海を訪ね、三日通い詰めて招聘《しょうへい》した。この「三顧《さんこ》の礼」に本人は決断したが、江蘇《こうそ》省無錫《むしゃく》出身の妻は、いまさらこわい敵国に行くのはいやだと泣いたそうである。

創業者の呉宝祺氏

「それを押し切って、30代で夫婦揃って来日したわけですが、そのうち部下のコックはほとんど応召。食材がなくなり、目黒雅叙園も陸軍の野戦病院になり、創業者の細川さんも亡くなられた。私は1944（昭和19）年、空襲のさなかに生まれたようなもんです。戦後、雅叙園の奥さんから引きとめられましたが、父は振り切って退職。終戦の翌年、自分で新橋の焼け残ったビルに店を持ったわけです。来日と独立、この二つが父のした賢明な決断だったと思います。目黒雅叙園は回転テーブルを最初に考案した店ですが、いまも結婚式場としてご繁盛です」

好機好運だった。当時、東京は焼け野原、新橋は闇市のメッカ、しかし大変な活力があった。戦後復興は、上野、新橋、有楽町から始まったと言われる。築地の市場も近い。さらに政治の永田町、経済の銀座、行政の霞が関も近く、立地条件も申し分なかった。

「あのころ第一ホテルや帝国ホテルはGHQに接収されていましたから、日本人は入れなかった。自然、私どもの店に見えました。アメリカの方も中華は好きだったですよ。米、味噌、醤油、酒は統制でしたから、和食屋さんはなかなか商売ができなくて大変でした。私どもの並びにあった鮨屋さんは、材料の米が入らないため、稲荷ずしがつくれず、昭和23、24年まで燃料の炭団《たどん》を丸めて売っていたくらい」

庶民が外食券食堂に並んで箸の立たない薄いお粥をすすっているころ、それでも「モノはあった」という。1944年に現会長が生まれたとき、祝いはさらし一反《たん》だったが、戦後も「飢えは知らなかった」という。谷崎が「新橋亭」をおごらせたのは、そういう時期である。

もともと谷崎は中華料理には舌の肥えた人であった。日本橋に生まれ、明治の名店「皆楽園《かいらくえん》」の息子と友人で、小さいころからそこの本格料理を食べていた。『上海交遊記』（みすず書房刊）には、谷崎が上海で食べた料理が記されている。

「私どもより先輩格では、銀座の『中華第一楼』さん、それにこのあたりでは虎ノ門に土井晩翠《ばんすい》ゆかりの『晩翠軒』というのがありました。永田町の『南甫園《なんぽえん》』、あそこも古いです。森さんがお住いの文京区白山には、坂にかかるあたりに『萬歳楼《ばんざいろう》』というのがあったと思いますすねえ」

戦後史彩るお歴々に宴会料理を提供

復興と共に、宴会料理の「新橋亭」の盛名はまたたくまに上がり、政財界の大物が来店、いくら店を拡張しても追いつかなかった。

「それで日比谷通りには中華料理店が10軒も増えました。いまは赤坂に越されましたが陳《チン》建民《ケンミン》さん（陳建一さんのお父さん）の『四川飯店《しせんはんてん》』、そして豪華な中国風の建物で一世を風《ふう》靡《び》した芝公園の『留園《りゅうえん》』。いまは貸ビル業に変わりましたが……」

「新橋亭」は中国語で「シンチャオティン」。日本語と、そう発音が違わない。北京料理は四川、広東《カントン》、上海と並ぶ中国四大料理の一つだが、呉さんに言わせると「関西割烹」と同じで、そう名乗っているだけで、何でもやっていますという。

今日の料理は、

芙蓉青蟹《フーロンチンハイ》（渡り蟹の淡雪煮《あわゆきに》）、

海老のマヨネーズかけ、

東坡扣肉《トンポアロ》（豚の角煮）、

北京烤鴨《ペキンカオヤ》（北京ダック）

いずれも店の名物であった。

「芙蓉青蟹は日本では『かに玉』と言われていますが、本来は炒めものでなく、玉子の白身を泡立てて富士の高嶺に降る雪のようにやわらかく美しいものです。

『海老マヨ』は、いまはどこの店でも定番ですが、『新橋亭』が手づくりのマヨネーズで始めたものです。日本人はキユーピーマヨネーズの酸っぱいのに馴れていますよね。それとは大分違う味だと思います」

東坡扣肉は江南杭州《こうなんこうしゅう》の料理。西湖《さいこ》に堤を築いた詩人官僚・蘇東坡《ソトウバ》（蘇軾《ソショク》）にちなむ豚肉の煮込み。

「三枚肉というと脂っぽい、太るというイメージですが、うちでは手間をかけて脂をぬき、お肌にいいゼラチン質を残し、しかも肉はやわらかく仕上げています」

次は北京ダック。

「これこそ北京料理の華。やわらかい春餅《チュンピン》（小麦粉を延ばした皮）でさくっとしたダックとさらしネギをくるみ、『しっとり、さくっ』とネギの歯ごたえを楽しむのですが、うちの甘辛いたれも秘伝。北京に持っていきたいくらいの味です」

などなど、大変においしかった。とりわけ薬味に出された豆板醤《トウバンジャン》はオリジナルの絶品である。十六年ものの紹興酒を「いい香りですね」と言うと、「これは胡錦濤《コキントウ》さん（元・中国国家主席）も褒《ほ》めてくださいました」とサラリ。


いったいどんな方たちがお見えですか、と聞くと、

「店はお客様のことをあまり申し上げてはいけないのですが」

と前置きしつつ、

「鳩山一郎先生、帝人の大屋晋三さん、東京電力の木川田一隆さん、平岩外四《がいし》さん、笹川

新橋亭で供された前菜

良一さん……実は1955年の自由党と民主党の保守合同も、2008年の民主党の旗揚げもうちが舞台でした」

1955年の頃、血気にはやった当時の政治家たちが新橋亭のテーブルが壊れるくらい叩いて激論したという。

「父はオーナーシェフですから、洗いざらしのシャツにネクタイ、前掛けで調理をしており、白衣は着なかった。調理場は灼熱地獄ですから、料理をお出ししたあと、シャツを着がえて、いかがでしたか、とご挨拶。

すると鳩山先生が『見たか、呉君が来たぞ、みんな料理はどうだ』と。エラい主催者におどかされたら、『おいしいです』と言わざるを得ないじゃないですか（笑）。

父が挨拶に出るかどうかで、宴席の格も決まったんです。これも演出ですよね。これで鳩山先生の株も上がるし、父も褒めていただく。根っからの商売人でしたよ」

生涯一料理人、呉宝祺は息子から見て、「ものすごく厳しい人」だった。一方の母の品《ひん》英《えい》は家庭料理の名手。

「あのあたりの女性は働きもので、刺繍《ししゅう》、編み物、絵と何でも器用でした。この母の上海語が耳に残っていますが、残念ながら早く亡くなりました」

父は「コックを招聘するな」と言い残した。いくら有名でも「極めた人は落ちるばかりだ」というのである。現在の「新橋亭」では、辻学園調理・製菓専門学校などで修業した日本人を雇い、育てている。

再訪すると呉さんは喜ばれて、ジュディ・オングさんおすすめのコラーゲンたっぷりの鳥そばや巨大シュウマイ、フカヒレなどをご馳走して下さった。味は変わらなかった。4人の子供さんがしっかりとあとを固めて引き継いでいる。壁は戦後史に聞き耳を立て、カーペットはたくさんのエピソードを吸っているようである。久しぶりに訪ねた「新橋亭」は建て直されたが昔と雰囲気は変わらない。会長になった呉さんは、かつては訪中団のおいしいもの担当でたくさんの人々を中国に連れていった。いまも明治学院の講座に通って勉強を欠かさず、社会を見る目は鋭い。

10. 赤坂・六本木

盛況のディスコ＝港区六本木　1978（昭和53）年　©朝日新聞社

１９７７年、大学を出た私は銀座のＰＲ会社に７カ月勤めた。それから赤坂溜池近くの出版社に転職し、２年半、地下鉄千代田線の国会議事堂駅で降りて通った。ここは社の幹部が午後３時頃に来るまでは解放区で、ランチに赤坂見附まで歩いて行ったりした。

まだ赤坂には花街があり、裏の方には人力車が止まっていたし、赤坂見附のＴＢＳ会館にはチョコレートケーキのトップスと、カレーライスのサクソンがあった。大使館の多い土地柄だから、ギリシア料理、スウェーデン料理、ルーマニア料理などの各国料理の店に行って、世界旅行をした気分になった。

赤坂 津つ井 ◎洋食
おなじみビフテキ丼、新メニューの白いオムレツ

港区赤坂2丁目22－24 泉赤坂ビル

十数年前とは場所が変わっていた。赤坂駅からTBSとは逆側の坂を上がっていく。上がりかけ左側に、真っ白い不思議なホテルがある。その先の右側が氷川公園、この辺、勝海舟の屋敷があったはず。だから回想録を「氷川清話」というのだ。あるある、海舟の銅像が。そして氷川武道場という区の施設の先を右に曲がるとオフィスビルの1階に和風の「赤坂 津つ井」の入り口がある。こんなに説明したのはなかなかわかりづらい場所にあるからだ。しかし近所の会社員には勝手知ったる「津つ井」のようで、今日も1000円ほどのランチを食べ終わった女性たちが満足そうな顔で出てきた。

前回、話してくださった2代目の筒井公恵さんにかわり、当代の河内隆詩さんが午後の遅い時間に対応してくださった。

「創業者の筒井厚惣《こうそう》さんも、2代目の公恵さんの生まれた円乗家も越前大野なんです。ママ公恵さんは末っ子で、おじさんの養女になった。その上のお兄さんの子が今、東中野で

『津つ井』をやっています。バブルのころは新宿や青山に何店舗もありまして、今は縮小して、ここだけ。東中野にある『津つ井』とは親類付き合いがあり、新川の『津々井』とも関係があります。

僕は河内という名前ですが東京っ子です。家は工場をやってたんですが、小さなころから料理人になりたかった。それも西洋料理に憧れ、店をニューヨークで出そうと夢を持って。単身、向こうに渡り、寿司屋に勤めたりしました。洋食より和食の方がグリーンカードがとりやすいというので」

それが、なぜ「津つ井」を継ぐことに。

「一時帰国をして、寿司屋でアルバイトをしていたときに、ここのチーフがお店に何度も来てくれた。『津つ井』を手伝ってくれないかと再三再四おっしゃるので、むげに断れなくて25くらいで入ったんです。そのときはもう初代もいないし、2代目の公恵さんの旦那さんもなくなっていた。息子さんは自分で起業していくつもの仕事をしていました。それで僕が厨房に入って、そのうち、公恵さんの娘と結婚したんです。中継ぎで2年だけ社長をやってたチーフがあとやってくれないかと。

公恵さんは優しい人で、50年も着物を着て女将としてやってきた。なんか持っていると

河内隆詩社長

大女将の筒井公恵さん

いいますか、運のいい人なんです。いまは女将はうちの妻がやっていて、かわりに公恵さんは子供たちの宿題や夕飯を見ていてくれます。それでも、常連のお客様は『女将どうしてる？』と聞く方が多いし、お誕生日のプレゼントを持ってきてくださったり。

場所は変わっても、この辺のお屋敷やマンションにお住まいの方、会社の方が『津つ井』の名前は覚えていてくださり、気軽に『津つ井から出前を取るか』と。私は今も配達してますよ。厨房にも入りますし、一番手の薄いところに回るという感じです。会社でも会議弁当や打ち上げにつかっていただいていますし。ありがたいことです」

17年前3500円のミニコースが4000円になっていますね。

「これは消費税込みなので、前とあまり変わりません。

ビフテキ丼が付いた昼の定食

ホワイトオムレツ

ビフテキ丼は相変わらずA5のお肉。これが人気メニューですので、品質を下げるわけにはいきません」

　相変わらずおいしいです。タレがおいしいんですね。

「醤油とみりんと水飴だけですよ。ほんとに」

　新しい人気メニュー、ホワイトオムライスは？

「あれは私の考案です。黄身が白い卵があると知りまして。それで海鮮のご飯を包んで、黄身にトビッコのタレを掛けてみました」

すごくおいしいです。エビやカニがふんだんに入っていますね。

昼も夜も営業でたいへんでしょう。

「間の2時間はちょっと休めます。うちは何でもスタッフで相談して決めます。その分、休みは野球でリフレッシュ。元々自分でもやっていたのですが、今息子が小学生で、そのチームの鬼コーチかな。ここは赤坂小学校とか六本木中学もあって、名前はご大層ですが、案外人の住む町です。その町の人に喜んでいただける店でありたいとおもいます」

まじめで、体格もよく、日に焼けているシェフは半袖シャツ。とってもすてきな方だった。

しろたえ　◎ケーキ・喫茶
真っ白なレアチーズケーキにコーヒーが合う

港区赤坂4丁目1－4

赤坂、一ツ木通り、昔のTBS会館も建て替わり、いまはこの辺、様変わり。

そのなかに変わらないしろたえがある。「春過ぎて夏きにけらし白妙の衣干すてふ天の香具山」の持統天皇の歌からとったのだろうか、ここの一番の売り、真っ白なレアチーズケーキから来た店名なのかもしれない。

小ぶりのレアチーズケーキ

ビスケットの台に、白いケーキ、上にピスタチオのかけらが載っている。間口二間半ほど。その前に客が並んでいる。右側は喫茶、左側はケーキのテイクアウト。みんな行儀がいい。たまに白いレースの三角巾をかむった女性が出てきて、列を整理し、先頭の客を中に請じ入れる。その三角巾は昔のかくれキリシタンがかむっていたような感じで、なんとなく洋風の異国情緒が漂う。

店内に入ると、ケーキを選ぶうれしそうな女性たち、やっと私たちの番が来た。階段を上がると2階にはこぢんまりとした喫茶室。各テーブルで2人ずつの女性が、香り高いコーヒーと気に入りのケーキを頼んでおしゃべりしている。スイーツ好きには至福の時間だろう。右側は演劇関係者とみた。左奥には男性が1人で来て座った。

私はレアチーズ。変わらない味である。かなり塩気が強い。これがコーヒーに妙に合う。同行者はレモンパイ。お皿やミルクポットにかいてある小さな絵がなんともかわいい。アルザスの民族衣装を着けた少女だろうか。

清楚な外観のしろたえ

ほかに室内には古い時計、ブロンズ像、1枚の絵。椅子もテーブルも懐かしい木の椅子。並ぶほどの人気もわかる。この赤坂の一等地なのに、ケーキが安い。なんとレアチーズで２７０円、レモンパイが３７０円。うちの方のケーキ屋さんは５００円もして、頼むのに勇気がいる。男性も結構大量に買っていく。「レアチーズ10個ね」「かしこまりました」。それでも２７００円。得意先におやつにどうぞと届けたら、さぞ喜ばれるだろう。

　ということで、レジの前もいそがしく、私はお土産のケーキを買い損ねた。赤坂の町はきらびやかで、自己主張が強いが、その中で、静謐な引き算の店といえる。六本木にクローバーという、これまたレアチーズケーキがおいしいお店があったが、風の便りに閉店したと聞いた。

シシリア　◎イタリア料理
四角いピザに、芸術品のきゅうりのグリーンサラダ

東京都港区六本木6丁目1－26 天城ビル 地下1階

その店の場所はしごくわかりやすい。六本木交差点の待ち合わせ場所としてあまりにも有名な喫茶店「アマンド」の向かって左隣。

とはいえ、麗々しい看板はない。白地に赤とグリーンにふちどり、さっぱりした書体の「シシリア」。それだけである。木のドアをあけ、コッコッと地下へ下りていく。

穴蔵《あなぐら》みたいだ。壁はレンガ。びっしりと文字や絵で埋め尽くされている。漆喰《しっくい》塗りの天井も。そして赤と白のギンガムチェックのテーブル掛け、まるで鍾乳洞のつららのように垂れたろうそく。イタリア料理店というイメージそのものだ。

「カラーになったイタリア映画で観たんでしょうねえ。マフィアかなんか出てくる」

と主人の堀井《ほりい》克英《かつひで》さん（＊取材当時。故人）は、大きな体をゆすって他人事《ひとごと》のように笑った。最初の「シシリア」の開店は昭和29（1954）年、私の生まれた年。すなわち創業半世紀を超える。

「私は昭和5（1930）年、麻布の三軒家町《さんげんやちょう》の生まれです。親は銀行関係で、慶應大学に通ってたんですが、もの堅い家に反発して家を出、学校もやめちゃいました。

戦後、横浜でイタリアの潜水艦のコックと出会ってね。イタリアも戦争に負けて、潜水艦は帰るところがなくなった。そいつを雇って、アメリカ人の弁護士を金主にして、本牧《ほんもく》で『イタリアンガーデン』という店を始めました。これが当たりまして。本牧は夜の女性がいっぱいいいて、アメリカ兵がたくさん遊びに来てました」

まだ20歳になるやならずだった。やがてアメリカ人弁護士のパートナーに昇格し、西麻布や銀座にも店を出したが、堀井さんはお金を貯めて独立の時を待った。

「23歳でしたね。そんな若僧が店を持てたのは、戦後の混乱期だったからでしょう。場所は芝の田村町《たむらちょう》で、当時は一等地でした。有名な中華料理屋も多くて、いまに中華街になると言われたくらい、流行ってました」

そこに50坪のガレージを借りる。「シシリア」の名はイタリアの地図をあてずっぽうに開いて決めた。

「イタリアに行ったこともなかったし、よりによってイタリア・マフィアの巣窟《そうくつ》の名をつけるとはねえ。いいかげんなもんで」

なんだかんだで50万円つぎ込んで改装し、開業したものの、いっかな客は来なかった。

8人もスタッフを雇い、気が気ではない。

「まあ情けはかけとくもんですね。忘れもしないのは、安西さんて、『ジャパンタイム

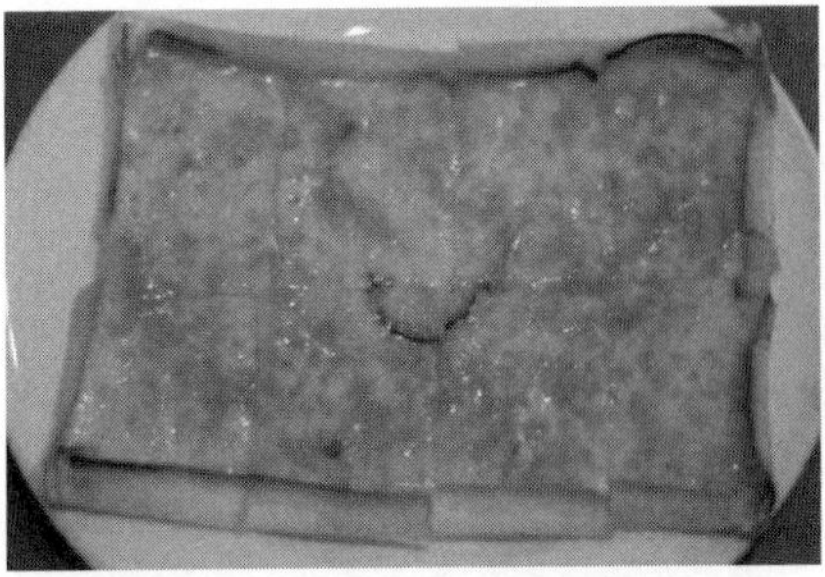
四角いピザ

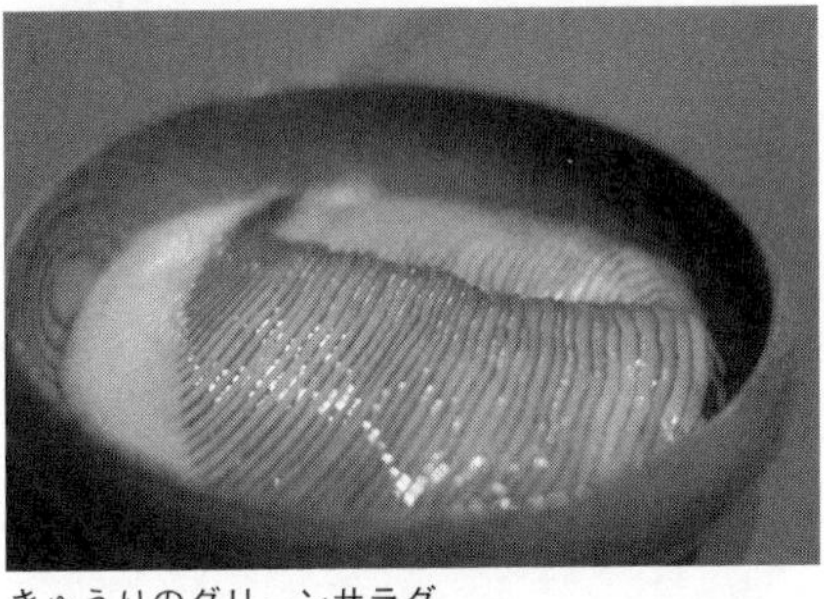
きゅうりのグリーンサラダ

スパゲティナポリタン

ズ』の広告取りのおじいさん。いつもよたよた広告取りに回ってくる。気の毒で、暑いときに来れば冷たいお茶を、寒いときには熱いお茶を出して休んでいらっしゃいと。その人が、いいこと教えましょう、うちのミス白石に一度ご馳走しなさい、と言ってくれました」

そのミス白石、当時でも相当のお年だったが、英語ペラペラの超インテリ。新聞においしい店のコラムを持っていて、「東京では珍しい、cosyな（居心地がいい）イタリー料理屋」と書いてくれたのだ。3日後、店の前は「ジャパンタイムズ」を持った外国人の行列ができた。

「ほんとに救いの女神でしたよ。その後もいろんなことがあった。中古のガス台を入れたが支払いが遅れ、ガス器具屋が取り立てに来た。私も売り言葉に買い言葉。じゃあ、持ってけ、と言ったんだ。重いし、まさか持ってくはずはないと。そしたら牛車で取りに来たね。スパナ片手に持って」

堀井さん、平あやまりにあやまったそうだ。

「その田村町の店はね、お金が入用になって売っちゃった」

とこともなげにいう。「わかるでしょ」とにっこり。たぶん、好きな女性のために、使ったのであろうと思う。こんなことを書くのは野暮だけれど。そして、六本木で再起をはかった。

「田村町の店に来てた横田基地の空軍中将が、ＰＸが六本木に移るよ、とこっそりささやいてくれたんだ」

占領軍の米兵が買い物をするＰＸは、当時、銀座のいまの和光と松屋のところにあった。それが六本木に移るという。

「そのころの六本木は、もちろん高速道路もないし、地下鉄もない。都電がチンチン走るだけの静かな町だった。夜は木の電柱に裸電球がついてるような。で、来ましたね、ＰＸが」

もと防衛庁で、いまは再開発で巨大なビルが建ったところである。それ以前に、堀井さんは六本木交差点の角店《かどみせ》（現在地より道一つ挟んで隣）を押さえていた。

そして昭和32（１９５７）年、2店目の「シシリア」を開業。それ以前からそこにあった店は、当時は八百屋だったスーパー「丸正《まるしょう》」、洋菓子の「クローバー」、「ゴトウ花店」、本の「誠志堂書店」、和菓子の「青野」くらいだったという。

「ラーメンが80円、カレー１００円、ハンバーグライスも１００円というころ。うちのピザは350円だった。それでも一ドルは360円。外国人にとっては、一ドル以下で食べられる。これは安いとずいぶん来たもんです」

1959年に発刊された中屋金一郎編著『東京たべあるき』に「シシリア」は、

片方が酒場で片方が食堂になっている。壁の下半分を赤くぬって、白い上半分の壁には落書きがしてある。米軍兵舎が近くにあるのでアメリカの兵隊が多く、午前四時まで営業している。料理一人前二百五十円くらいより。

と紹介されている。

「まあ、召し上がってください。昔の通りですよ」

とピザが運ばれてきた。マッシュルームのピザ、アンチョビのピザ。いずれも四角く、台がごく薄くてパリッとし、チーズはあくまでやわらかく、生ニンニクが香り立つ。これは実に繊細な食物だ。おいしい！と叫ぶと、

「お気に入りましたか」

と堀井さんはうれしそうな顔をした。

きゅうりの「グリーンサラダ」がまた絶品。きゅうりを、これもごく薄くスライスして、あっさりドレッシングをかけたものだが、芸術的といっていいほど美しい。

「ピザが四角いのは、最初のコック譲りです。狭い潜水艦の中で、テーブルの上に無駄なスペースをつくらないためには、四角い方が合理的」

――なるほど。そのころライバル店はありましたか？

「もう全部ライバル（笑）。『ニコラス』さんができたときは、うちの客はたしかに減りましたよ」

と言い切った。先ほどの『東京たべあるき』の索引で、フランス料理と記された店はいくつもあるが、イタリア料理を名乗るのは、池袋の「イタリア軒」、麻布の「イタリアンガーデン」（264ページ、本牧の店の後身）、六本木の「シシリア」、渋谷の「ナポリ」の4軒のみである。

高級店「キャンティ」が進出するのは2店目の「シシリア」開業の3年後。バブル期のブーム以降、いまや東京にイタリア料理店は何百軒もあるだろう。たしかに私は、フランス料理よりはるかに「マンジャーレ（食）」の国の料理が好き。オリーブオイルとニンニクがたまらない。

「シシリア」では、いま流行りの店のように、変わったもの、凝ったものはない。サラダ、パスタ、ピザ、それと肉料理。仔牛のカツレツもガーリック・ソースで食べるが、これがまたおいしく、一皿1700円、という安さには驚いた。

「画家の山下清さんも、いらっしゃいました。巨人軍の長嶋茂雄さんが水原監督に連れられて見えました。俳優座が近いので、劇団の方もたくさん見えましたね」

占領軍がいなくなったあとも、東京オリンピック、万博。昭和40年代から50年代が、六本木の一番いいときだったという。

「そのころの六本木は、東洋英和《とうようえいわ》女学院と国際文化会館の上品なイメージでしたが……」

たしかに。大使館も近くに多く、在住の外国人が歩く、ややスノッブな町として、私には敷居が高かった。

「天井の絵を最初に描いたのは、水谷良重《よしえ》（いまの八重子《やえこ》）さん。背の高い、ちょっと艶《つや》っぽい人でしたよ。ろうそくのすすで、天井に大きなフランス人形を描いた。うまいもんだったね。そしたら私も私もといろんな人が描き出して、あっというまに壁いっぱいになった。みんな眉墨《まゆずみ》だの口紅だのを使ってね」

一人でワイングラスを傾ける日本の女性もあり、ビジネスマンもいる。通し営業なので、みな自分の空腹かげんで好きな時間にやって来る。

「老若男女、外国人、日本人、いまはお客様のバランスがいいですね。ずっと働いてた私は、趣味もない。他の仕事がしたかった、と後悔もしてません。ゴルフなんて大嫌い。箱根の山小屋にバスで行って、一日中、本でも読んでボーッとしているのが好きです」

「今日は昔のことを思い出して楽しかった。またどこかで続きをやりましょう」

といって、堀井さんはゆっくりと立ち上がった。

建て替わっていたシシリア

私は撮影用のピザを、もったいないから包んでもらう。店長の小松さんは、面倒臭がらずに詰めてくれた。テイクアウトをいやがらない店は、常連の多い、いい店だと知っている。

長方形のピザは四角い薄い箱におさまり、それが涼しげな店名入りの白い袋に入った。なるほど丸ピザよりかさばらない。その袋を持って、春の匂いのする六本木を歩いた。

隣にあったら毎日でも行きたい（2021年追記）

私の中で強烈な印象のあるシシリア。あのお店はまだあるだろうか。変わっていないだろうか。いや、ビルは建て替わっていた。階段を下りず、ビルの入り口からエレベーターで降りた。でもほの暗い、レンガ壁のお店は昔の通り。

「森さん、わたし前に取材にいらしたときもおりましたよ」と待っていてくださったのは創業者堀井さんのお嬢さんの岩野友利恵さん。

「父が亡くなって13年になります。今日は奇しくも父の命日なんです。10月19日」と聞いて驚いた。「あの体格を見てもおわかりの通り、よく食べる、よく飲む。煙草も吸う、でした。77歳までよくもったもの。あのときも私は介護で参りまして。母の方は91歳、元気にしております」

そのまま跡をお継ぎになったんですか。

「父が『潰して欲しくない』と。あの通り、父は遊び人で、慶應は途中でやめちゃうし、銀座や赤坂のクラブで遊んでました。でも遊び方はきれいでしたよ。それと対照的に家では厳格で、箸の上げ下ろしから、門限までうるさかったです。母が苦労したんじゃないですか。でも高校生の時にイタリアに連れて行ってもらいました」

それは、まだ1970年の初めで、一ドル360円みたいな時ですよ。いいなあ。

「そうなんです。あのときは楽しかったわ。私は卒業して企業に勤め、夫も会社勤め、父とは真逆な真面目な暮らしで」

お父さんは麻布の生まれと伺いました。あの辺、土地勘ないんです。

「麻布三軒家町と言って今の韓国大使館の近くです。祖父は銀行家で、父は次男ですが、長男ばかり大切にするうちで、それがとっても不公平感というか、父のトラウマになっていた。結局兄は俳人となって早く亡くなってしまうのですが、父は自分でやるしかないと、早くに独立した。英語が出来ましたからね。

母は駒込動坂に育って、戦後、このお店にお客で来て父と知り合ったんです」

「シシリア」はお手頃なお値段でおいしいから、私、前の本ができて、息子に一番に勧めたんです。あんたの財布で友達と行けるよって。

「あのころより、少し上がったんじゃないですか。いまはピザが1000円です」

おすすめメニュー、アンチョビのピザ、スパゲティナポリタン、グリーンサラダ、仔牛のカツレツ、ガーリックソース添えをいただく。思い出がよみがえってきた。全く味は変わっていない。あいかわらずおいしい。しかしこのきゅうり、よくこんなに薄く切れますね。

「刃をよく研いだ包丁で。これができないとうちの厨房には入れません。これで丸々キュウリ1本。下にレタスが敷いてありますが、きゅうりは吟味して、大きなのをつかいます。ピザも最近のナポリピザなんて皮が厚くて胸につかえるという方も多い。うちのは超薄いのを長四角の型で焼くんです。あとグラタンとかラザニアとかも、みんな父の好きなものばかり」

隣にあったらなあ、毎週でも来たい。でも六本木になかなか用がなくて。町も変わりましたね。

「父のはじめたころは、外国の方が多く住む、静かで品のいい町でした。スクエアビルとかロアビルとか、おしゃれなお店が入っていて。それがキャバクラやゲイバーなどが多くなって、客引きもいて、すっかり感じが変わりました。洋菓子のクローバーさんももうないんですよ」

そういえば、あの壁を埋めた落書きもないですね。

「ビルが建て替わったのを機に落書きはやめました。ギンガムチェックのテーブルクロスも赤いレザーに変えました」

ボトルならイタリア、フランスのワインがあるが、グラスワインはカリフォルニアの白。なみなみとつがれてきた。「たっぷり出せ、ケチするな」というのが父の流儀です、ということばにあのたっぷりとした体格の堀井克英さんをおもいだす。心の中で献杯した。遊び人の父に振り回されたお嬢さんの言葉には父への愛情が感じられた。

11・飯田橋

人気のボートと釣り＝市ヶ谷から飯田橋の間の外堀
1955（昭和30）年　©朝日新聞社

飯田橋も前は行きにくい町だったが、今は家から南北線でたった二つ。昔は佳作座という名画座があった。いまはギンレイしかない。ここは高齢者（含私）は1000円で二本立て映画が見られる。朝の9時過ぎからもう満員だ。映画を見たらどこかでご飯。ギンレイの下の横丁にもおいしいラーメン屋がある。神楽坂を登れば前は「巴《パ》有《ウ》吾《ア》有《ウ》」という感じのいい喫茶店があったが、いまはない。松井秀喜選手をお見かけした「もー吉」や大阪寿司「大〆《おおじめ》」は閉店した。

しかし神楽坂の飲食店は前にもまして増えている。何万もする高級料亭や寿司屋も増えたが、私には縁がない。新潮社に用があるとき、あるいは缶詰めになったときは神楽坂で飲む。「一葉」というちらし寿司の店は閉まったが、伝説の「伊勢藤」にも何度か。「龍公亭」も健在だ。

島 ◎沖縄居酒屋
店名に沖縄返還運動の歴史あり

千代田区富士見2丁目4－7

飯田橋駅を挟んで反対側、東京大神宮の方に上がっていくと、東京でも古い沖縄料理、「島」がある。この店に初めて行ったのはもう30年も前。そのころ、離婚して自由になった私は兄貴分の書き手とたまに飲むことがあった。建て直す前の木造の店で、もう少し店の幅が広く、カウンターがあって、そこに並ん

少し肩を怒らせたような島の字ののれん

山本文江さん

で泡盛を飲んでいた。同行者がなにか、共産党について茶々を入れたのだと思う。隣に座っていた背広の紳士が、「ちょっと失礼しますが」といって話に加わり、現在の日本共産党は議会制民主主義を通じて社会正義を実現しようと考えていると理路整然と述べた。

——と、こんな話をすると、店主の山本文江さんは「うちは昔から左翼だから」と笑った。椅子から振り返ったら、瀬長亀次郎（那覇市長や衆議院議員など歴任、1907〜2001）のいかつい顔のポスターが貼ってあった。

カメさんこと、瀬長亀次郎のポスターはいまも店内に張ってある。近年『米軍が最も恐れた男——その名は、カメジロー』というドキュメンタリーも完成して評判がよい。「不屈」という瀬長がよく書いた文字の色紙もある。山本さんの父、上地與市さんとカメさんのツーショットも。

「1971年だからね、瀬長さんも若いよね。あの人も議員になってからは忙しくてなかなか来なかった。沖縄に家があるから東京では議員宿舎だったわね。こっちは高知出身の山原健次郎さんの色紙よ。本当にいい人だった」

今日は、飯田橋に建築事務所を持つ親友の大橋智子さんと一緒。「よくランチに来るわ。夕方事務所に来るお客さんはここに連れてくるの」という常連さん。

文江さんの話は続く。

「うちの両親は戦前から東京に住んでいたんです。もとは宮古島の農家出身ですが、大正5年生まれの父は、中学を終えると東京の大学に入りに来ました。当時はまだ日本の領土だったけど、宮古から那覇まで船で行って、そこから白山丸といったかな。東京まで一週間くらいはかかったようです。苦学生じゃなくて親からの仕送りで遊んでいたと思うけど。

卒業後、今の都庁に入り、満蒙開拓団の教練というのか、あちらに行く準備の勉強をさせるような、彼らを送迎するような仕事でした。中国に行ったり来たりしたみたい。母も下里といって宮古島です。親同士が決めた結婚、結婚式の時に父は中国行っていなかった。代理人立てて宮古で結婚式やったんだって。あの当時、首里の女学校を出てますから、こちらも教育熱心な余裕のある家だったのでしょう。10人兄弟の6番目で、お姉さんたちが学資を出してくれた。卒業後は郵政に勤め、昭和18（1943）年にこちらに来てます。だから両親とも沖縄戦とは関係ないの。去年100歳で亡くなりました」

文江さんが生まれたのは戦後の1948年。

「場所はここです。4人姉妹の2番目です。そのころは沖縄と関係なくくらしていたけど。父は都庁を辞めて、ここで商売を始めたんです。本が好きで、どうしても本屋がやりたいと。半分新刊、半分貸し本屋。でも儲からないのよ。すぐにつぶれて昭和36年には沖縄料理に変わりました。届け出は昭和37年のようですが。最初は麺の製造もしていたんです。鶴見の方にいた人が教えてあげるとうちに毎日来てくれて、たくさん麺を作ってました。本当は灰汁《あく》を入れるというのですが、食品衛生法でだめなので、うちではすこし鹹水《かんすい》をいれています。いまも下の息子が打ってますよ。池袋の『おもろ』、『みやらび』『清香』などはうちから仕入れていましたよ。ほかに嘉手納清美さんのお父さんがやってた『南風』というのが古いけど。閉めたところもあるでしょう。

店は二間間口で奥行きはありましたが、2階が6畳と3畳が三つ、そこに家族は寝泊まりしてましたよ。当時は祖父母も居て8人家族、個室なんて最初からなかった」

私が前に来たころは、木造モルタルという感じでした。

「それが火事に遭ったのよ。もらい火なんだけど、あれは火元に賠償は請求できないのね。それで、直し直し使ってたけど、ついにガタが来て5階建てビルに建て替えました。地下に行く階段をつけたからその分1階は狭くなったのね。2階もお店で、3、4、5階に住んでるの」

どうして次女の文江さんがお店を継ぐことに？

「私はすぐ近くのキリスト教の幼稚園から、富士見小学校、九段中学、九段高校、そして大学は上智大学で社会学を勉強しました。まさに学園闘争の時代、ロックアウトで授業なんかなく、卒論書かずに出られたんだけどね。千代田区から出たことないですよ。リースマンとか、ガルブレイスとか読んだけど、あらかた忘れました。沖縄出身だから差別されたということは私は感じなかったですね。貿易商になりたくて、世界を飛び回る気でいたんですが、父が56で倒れまして。飲み過ぎですよ。母は元々商売が嫌で向かない人。長女はすでに嫁に行ってましたから、私が後を継ぐしかなかったんです」

島という店名はどこから来たのでしょう

「父が沖縄返還運動の応援をしていましたから。『沖縄を返せ』という歌ね。『民族の怒りに燃ゆる島、沖縄よ』という歌の文句からとったんでしょう。みんなで毎晩あの歌を歌いました。だからのれんの島という字、ちょっと肩が怒っているでしょう」

沖縄の復帰は1972年の5月15日。瀬長亀次郎と佐藤栄作の国会論戦がドキュメンタリーの白眉である。「核抜き本土並み」の復帰を訴える瀬長。それに対し、佐藤は「そんなにすぐには実現できない」と答え、実は核を持ち込ませる日米の密約をかわしていた。

瀬長は戦前に鹿児島の旧制七高に入学しながら、社会運動に関わって放校、戦前から沖縄でジャーナリストとして活動し、沖縄社会大衆党を設立、戦後、那覇市長に当選するも、アメリカの領土とあって当選は無効に。被選挙権も失っている。何度も投獄されながら、その不屈の闘志と、名演説で絶大な人気を誇り、戦後は7回、衆院議員に当選した。

映画を見ると、佐藤栄作は国会での論戦のあと、瀬長に近寄り、瀬長の著書にサインを求めた。そういう所はまだ、今の自民党政治家と違い、問答の必要、気持ちを持っていたのかもしれない。瀬長は「真実を知ってもらうことは重要」とこれに応えた。「真実は権力を後退させる」というのが瀬長の信念だ。

「私は東京生まれですから、沖縄を見たことはなかった。大学1年の時、復帰前にパスポート取って、予防注射して沖縄に行ったことがありますよ。行きは48時間かかったかな、直行便でかなり揺れて大変だった。４８００トンくらいの船。沖縄はドルの時代でしたね。宮古島の親戚を訪ねたのですが、あの頃は本土の沖縄差別もありましたが、沖縄の中のなかでも宮古島は荒っぽいとか、下に見られてた。帰りは西鹿児島から急行の霧島に乗って帰ってきた。寝台車なんて贅沢な物は乗りません」

いまもなお、普天間基地を移転する辺野古の海の埋め立て、高江には新しい軍事基地が建設されようとしている。瀬長はじめ沖縄民衆の願い、アメリカの基地のない、豊かな沖縄の発展は実現していない。

「父は共産党員ではなかった。でも沖縄返還を強く望んで、瀬長さんを支持し、応援し、カメさんが沖縄社会大衆党から日本共産党に合流すると、『赤旗』を配るのを手伝ったりしてましたね。だからお客も労働組合、出版労連、鉄鋼労連、平和委員会、アジアアフリカ連帯会議、そんなところの人が多かったわね。菅直人さん夫妻や、ボクサーの具志堅用高《ぐしけんようこう》さんも来たけど、いちいち覚えてはいません」

砂糖は使わない。ラフテーも泡盛と醤油で煮ただけ

父上地輿市さんは56で亡くなった。「東京に店の名前を島とつけ故郷の宮古恋ひし君逝く」という恩師からの色紙も飾ってある。

文江さんは東京生まれの山本裕幸さんと結婚、いまは2人の息子さんと店を経営している。お料理はどうやって。

「砂糖は使いませんね。ラフテーも泡盛と醤油で煮ただけですよ。ナーベラ（ヘチマ）も沖縄からきます。もずくは二杯酢。息子がソーキには黒糖を少し使っていますが。一時、青い海の沖縄に憧れる人が多くて、東京でも沖飯《おきめし》とかいって沖縄料理店がたくさんできま

したがこれがピンキリ、一度おいしくないのを食べると、悪い印象がインプットされてしまう。しつこいからとかいわれて。いっぽう宮廷料理などをうたう、おしゃれで高級な店もできました。うちはただの家庭料理です」

沖縄の長寿は食べ物のおかげだというので、豚肉や昆布が健康によいと言われましたね。

「スパムやステーキを食べてたらだめですよ。あれは米軍の置き土産で、もともとの沖縄の食べ物ではありません。沖縄でチャンプルー頼んだらポークが入ってたのに、といわれるのだけど、うちは戦前から東京だからポークは入れません。その後の沖縄の変化にさらされてないから、沖縄の古いのが残っちゃったガラパゴスみたいな店なのよ。リクエストが多いのでうちもスパムをおいていますが、デンマーク製の一番脂の少ないのを使っています」

ゴーヤチャンプルーも昔はゴーヤが売ってなくて珍しかったのにね。

「いまは気候変動でみんなベランダでゴーヤを栽培しているじゃありませんか。海ぶどうは母が宮古島で甥からもらったのを東京に持ってきたのが始まりらしいですよ。向こうではンキャフというんですが、海ぶどうとなづけたのも母らしいです。塩漬けにすると食感が台無しになる。冷蔵もだめ。生のを空輸していますが、午前便でくると午前中に着くのよ。冬はホッカイロを入れてくる。昔は検疫がうるさくて、オレンジも何も持ってこれなかったじゃない。首里高校も甲子園の土を持って帰れなかったじゃない」

あった、あった、そんなこと。私たちは珍しいナーベラチャンプルー、ゴーヤチャンプ

ラフテーと豆腐のスクガラスのせ

ナーベラチャンプルー

ルー、豆腐のスクガラスのせ、ラフテーを頼み、オリオンビールの生をぐいっと。スクガラスのかすかな塩気が豆腐とあって、ビールに最高のつまみである。

どんなお客様が多いんですか。

「そうねえ。法政大学の先生が学生さんを連れて見えることが多かったです。いまでも小松光一先生は学内でゼミをやってから、学生さんとここへ見える。授業に間に合わなくても、うちの『島ゼミ』には出る学生もいます」

お昼は近所のサラリーマンのランチの場所として重宝されている。沖縄そばが630円、ゴーヤチャンプルーセットが900円、ほかにももつ煮とか、いろいろあって、しかも今日のおかずが一品180円で別注できる。ニンジンのしりしり、パパイヤチャンプルーなどもそそられる。はしたてには黄色に先っぽが赤い箸がたくさんあった。

コロナの中でも「島」は店を閉じなかった。「お酒は出せなかったけどね。家族経営だからどうにか。やっててエラい、応援したいと毎日のように食べに来てくれる常連が多くて励まされました。テイクアウト・メニューもたくさんあります」

私はサーターアンダギー、ラフテー、豚もつの煮込みをテイクアウトすることにした。また泡盛を飲みに来よう。今度はジーマミ豆腐と塩らっきょうがいい。

12. 町屋

1967（昭和42）年　町屋駅前の焼きそば「やまとや」
加納行夫さん提供

町屋へは西日暮里から千代田線か、巣鴨から都電で行く。早稲田から三ノ輪まで、東京唯一の都電は窓からの景色がすばらしい。町屋は庶民的な、とっても楽しい町なのだ。何が目当てかというと、もんじゃ焼き。

もんじゃは東京が発祥と言うが、荒川区内だけで60軒もあるという。

とはいっても、子供の頃の私は、もんじゃ焼きは知らず、もっぱらお好み焼きを食べていた。

今日は心ゆくまで立花のもんじゃを食べよう。

立花　◎もんじゃ焼き・お好み焼き
ご主人開発の塩もんじゃで、サワーをグビ

荒川区町屋1丁目2－3

町屋駅から徒歩1分もかからない。斜めに通ずる古い横丁の奥に「立花」の看板が見えてワクワクした。がらりと引き戸を開ける。左側に4人の椅子席二つ、右側は小上がりが四つくらい。左奥に厨房。壁にはおおきなはっきりした文字で、メニューが書いてある。

お好み焼きともんじゃを頼む人はどのくらいの割合ですか。ご主人の加納行夫さん、

「そうね、7対3くらいかな」という。

もんじゃってこの辺が発祥なんですか。月島だという人がいるけど。

「もんじゃが始まったころ、まだ月島は影も形もないと思うんですよ。あそこは埋め立て地。そもそも葛飾北斎の描いた『北斎漫画』に出てくるのですが、鉄板の上に小麦粉を溶いて垂らして文字

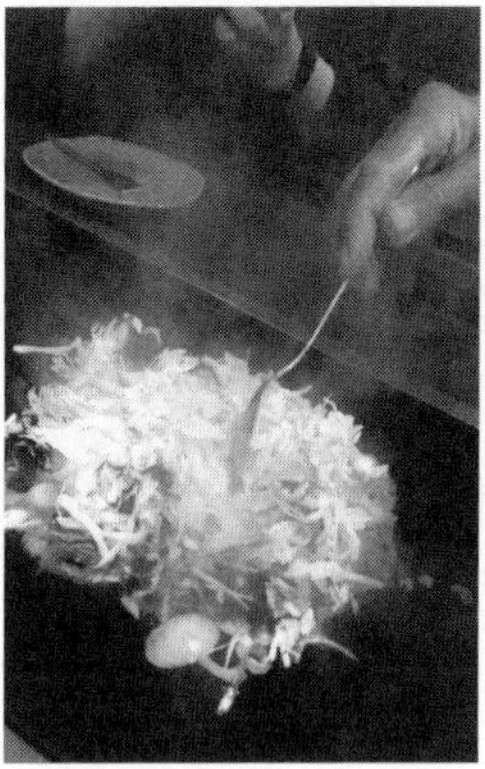
塩もんじゃをさっそく

を書いた文字焼きが元だという説があります。だから、文字焼き、もんじゃです」

なるほど、北斎は本所の割下水《わりげすい》に住んでいた。だっとすると発祥は本所とか、浅草あたりかな。だってこの辺、江戸時代はまだ田んぼでしょう。

「そうですね。近代になって川沿いに工場ができたり、浄水場ができたりして人が増えていった。王子電車、今の都電ができて、便利になって開発されたのでしょう」

「立花」さんはいつごろできましたか。

「うちの父・加納和之は岐阜の出です。昭和9（1934）年生まれで、上京してほかの仕事をしてたらしいんですが、千住生まれの母恵美と結婚し、昭和42年、千代田線が出来る前に町屋の駅前に『やまとや』という焼きそば屋を開きました。場所がいいので、焼きそばの玉が一日800から1000出たそうです」

そりゃすごい。

加納行夫さん

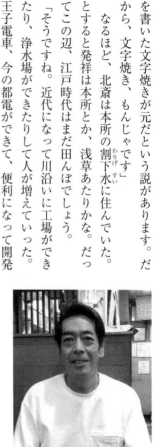

お好み焼・もんじゃ　立花

「オープンしてすぐに地下鉄千代田線が開通、朝7時から夜7時まで、朝ご飯をうちで食べる人もいれば、夜にお土産に買って帰る人もいた。母方の祖父母も家を手伝っていました」

写真で見るお父さんは、行夫さんにそっくりの細面の美男子（扉写真、289ページ）。なんで「立花」というんです？

「母の兄が易者みたいなことしてて、字画とか、八卦を見てくれてこの名前に。駅前が再開発されるということで、ここに移ってきて、もんじゃ焼きやになったのが昭和48年、私が10歳のころ。でもその後も一向に話はまとまらず、いまだに駅前は小さな店のまんまです。父は優しくておとなしい人。母はちゃきちゃきの町っ子でした」

ということで早速、注文。私は生グレープフルーツハイ、同行者はハイボール。そして店一番人気の塩もんじゃの、葉唐辛子入りバージョンを。トントンと野菜を切る音がして、登場。銀色の大ぶりの入れ物に、キャベツ、ネギ、葉唐辛子、ちりめんじゃこなど。

「これは私が考えました。もんじゃというとソースが定番なんですが、塩だけで出来ないかと」と鉄板を温める。えーっ、私たち、うまく焼けない。キャベツで土手を作れとか言いますよね。

「月島では店の人が焼いてくれます。町屋で私が焼こうとすると、お客様に手を出すな、といわれる。それぞれその人なりの独自の焼きかたがあるんです」

鉄板は30センチ×50センチくらいの長四角。これは創業当時からのモノで、手入れして使っている。新品みたいにピカピカ。

「まず、具だけ先にいれて。それが少し煮えたころに水気を入れる。これは水でなく鰹だしですが。それをあとから足していく」

じゅじゅじゅ、ジャーッ。なんともだしのいい匂いが立ちこめ、鉄板からはしゅわーっと白い湯気が立つ。

「家庭でやると水気を少なくしちゃうんですよ」

フライパンでは無理ですね。卓上のホットプレートでは？

「火力が違うから、なかなかこうはできません」

たしかに。主人はやさしくやさしく、大きな金のへらで、その薄茶色ののりのようなモノを混ぜてなでる。

「はい、もういいですよ」

固唾をのんで見守っていた私たち、小さな三味線のばちのような形のへらで、もんじゃをこそげては小さな皿に移し、口に運ぶ。ほっほっほっっほ。熱い熱い。舌がやけどしそう。おいしー。

「ここがおいしいでしょ。この焦げたところが」

知ってます知ってます。

しかし、初めてこのドロドロ、くちゃぐちゃのもんじゃ焼きを見たら、そんなにおいしそうには見えないだろう。まずは食べてみること。そして、焦げ付かないように、早くこそげると、カリッとこげたところがまたおいしい。サワーに合う。

もんじゃは多少人数が居ないと種類が試せない。そこに荒川区勤務の友達が参入。さらに東上線の川越からも友人が駆けつけた。彼らは塩もんじゃを「残り物には福がある」とビールで片付けた。

つぎは何を行きましょうか。

「一番人気は明太子、もち、チーズもんじゃです。うちの発明じゃないけどね」とご主人。それにします。いや、これはうまい。明太子の塩気、もちもチーズもとろとろに溶けている。はふはふやっていると、

「これにちょっとソースを足すと、味変しますよ」

川越からの友人は、30年ほど前に月島で外国からのお客様と食べたことがあるという。「メニューを見てよ。月島のもんじゃは1500円とか、高級食材が入ると2500円とかするでしょう。ここは790円ですよ」と私。荒川びいきの友人「あれは記号としてのもんじゃ、新出来の店が多いし。月島は観光地でしょ」。川越の友人「いや。月島は焼いてくれるから、人件費なのかもしれない」。「なるほど」と一件落着。

まだ、食べられる。じゃ、次はげそバター焼きとホルモンもんじゃを。

ここでオーソドックスなブタもんじゃや海鮮もんじゃへいかないところが、我々の探究心。

三つめは友人が焼いた。

「ホルモンは一度ゆでてありますから」

なんの臭みもなく、実にキャベツと合う。これまたおいしかった。

私はここでハイボールに切り替え。なんともんじゃ焼きだけで40種類もある。お好み焼きも食べてみたい。ほかに鉄板焼きも……。うう、そんなには入らない。

最後に焼きそばいっちゃおうかな。イカにしようか、エビにしようか。

「あっさりしたふつうのがいいんじゃないの」とご主人。490円だ。

運ばれてきたのは、麺の上に、キャベツ、にんじん、もやしを載せたシンプルなもの。

最後に紅ショウガ。これまたかつぶしと青のりをかけておいしい。

「麺もあれこれ取り寄せて食べくらべ、これに落ち着きました。実はね、コロナになってお客様がこなかったら、食材も無駄になるし、もう一度、焼きそば屋に戻ろうかと本気で考えたんですよ」

まあ、町屋の誇るもんじゃ焼きの立花さんが？　コロナで緊急事態の間はお休みされたんですか。

「いえ、一日たりとも休んでいません。この通りも閉店や休業があって、ゴーストタウンみたいになるのが悔しくて。意地でも明かりつけて暖簾あげたかった。時短には応じて、お酒は出さないで、規則は守って協力金もいただきました。お一人も見えない日もありまして、店の中を掃除してました。お酒飲めないんじゃね、という方もいた。そのときはこれからどうしようかなと思いましたよ。だけど、緊急事態が明けたら、またお客さんが来てくださって、今も忘年会の予約がはいったところです」

そりゃよかった。

「それに今年、3人も孫が生まれましてね。息子に男の子1人、娘に女の子の双子ができて」と目尻のしわが深くなった。前回、かいがいしく世話をしてくださったすてきな奥様はきょうは孫のお世話らしい。

この前来たのは友人の海外研究壮行会だった。もんじゃをみんなで焼く、その連帯感が話を盛り上げる。今回もアメリカに詳しい2人はカリフォルニアの大学やポートランドへの鉄道旅、ブラックライブズマターで盛り上がり、私はひたすらへらでお焦げをなめていた。

4人で食べて飲んで8000円もいかない。冬の間に今度は、牡蠣のバター焼き、あんこまき、それと冬の氷を試しにきたい。

13. 王子・東十条

篠原演芸場＝北区中十条２丁目　1972（昭和47）年　©朝日新聞社

地下鉄を都心と反対方向に乗ると、だんだん体がほぐれ楽になっていく。

それで、私は南北線で王子、十条、赤羽、三田線で巣鴨、板橋方向に行くようになった。

その方がずっと安いし。

今日は昔たまに行った王子の山田屋さんが、建て替えのため2021年11月いっぱいで1年半休業するというので来てみた。

午後4時に店の前には数人が待っている。

「もうすぐあくよ」ワクワクする。

山田屋　◎居酒屋

うまい、安い。1年半経ったらまた来ます

北区王子1丁目19－6

この店は朝の8時から開いていて、地域の定食やとしても人気だ。銀ダラ定食とか、鯖味噌煮定食とか、近所にいたら毎日来ちゃう。すでに赤煉瓦風の外観のコンクリート造ではあるのだ。間口は七間くらいか。お兄さんが出てきて縄のれんが下がった。1人1人くぐり、手の消毒。広い店内に散らばっていく。私は見通しのよい壁際席をゲット。ここは銘酒がたくさん、しかもほとんど新潟の酒。ハイボールや芋焼酎を早速頼んでいる客たち。

私は鶴齢《かくれい》の超辛をまず。コハダの酢じめ、ツブ貝、メンチを。1皿は安いが、量もそんなにないからいろいろ頼める。メンチは自家製の揚げたて、お箸で割ったらジュブーっと肉汁が出る。うまし。相方到着。彼は緑川。さらに追加で、もつ煮込みとホタルイカの沖漬。この牛もつ煮込み、どこの店とも違ってコクがあっておいしい。

だんだんお店が混んでくる。前掛けを締めた年配の男性2人、店内をスタスタと歩き回る。ちょっと似ている。口数は少ないが、お酒を頼むと一升瓶を小脇に抱え、テーブルの

上でガラスのコップになみなみとついでくれる。昼で迎えに行く。これで七勺くらいか。

もうひとりの男性がつまみを運んできた。「新潟のお酒が多いですね」というと、初代が高崎から戦争で新潟に疎開したこと、最後は新潟県の六日町でなくなったと教えてくれた。それで新潟のお酒を置いているとは、律儀なことだ。「どの方がご主人ですか」と聞くと、さっきの白いシャツの男性を顎で示した。「似てますね」。兄弟だもの。「建て替えられると聞いて、この雰囲気を目の中に残したくて来ました」というと、一族郎党でやっていたけど、後を継ぐのは1人だから、やりやすいように、店も半分に縮小するの、と教えてくれた。

なるほど。ダウンサイジング、いいかもしれない。それにしてもつまみがみんな200円台、300円台。ゆずの香り高い白菜のお新香が270円。牡蠣フライだけ二個で550円、マグロのブツもとても鮮度がよく、脂ものっているが400円。鯖の味噌煮や銀ダラの煮付けは定食にもなるくらいだから、けっこう魚が大きい。建て替えてもこの値段でやってくださるとうれしい。

床はコンクリートに砂利を埋めたもの。テーブルはなんてことのない木目調、椅子は木の丸椅子。女性は1人だけフロアをやっているが、あとは厨房に専念。次の主人も中にいるようだ。隣は黒いダウンジャケットの男性客4人。コートを脱がずに飲んでいる。目の前はカップル、頼み方も堂に入っている。向こうは中年のご夫婦、厨房をのぞき込んで喋っていたから常連さんか。みんな少しお酒が回って、和やかな雰囲気になってきた。壁に貼られた品札に、若い人が黒い覆いを掛けたり取ったり。今日はこれはある、ない、をはっきりさせるためだ。

私は高千代、次は冬将軍。3杯で2合くらい。今日は寒いからビールは飲まない。1時間いてさっと帰ろう。これだけ食べて飲んで2人で5000円ほど。食事もできる

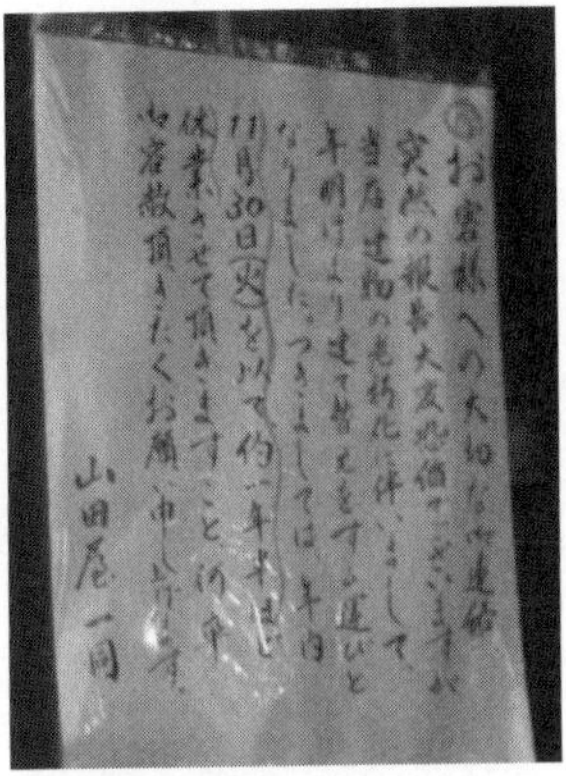

休業を告げる張り紙

休業間近の山田屋

し、お酒も飲める、つまみも多種という店はあまりない。まるでスペインのバルのようだ。

店内撮影禁止、出てから店の外観をよく眺め、写真に収めた。1年半経ったらまた来ます。

埼玉屋　◎焼きとん
「楽しいって事はおいしいって事だよ」

北区東十条2丁目5－12

田端、王子、十条あたりは家から近くて好きな町だ。普通の人が普通に働いて、普通に飲んで帰る普通の居酒屋が多い地域でもある。

今日は久しぶりに京浜東北線の東十条駅に降り立ってみた。ホームが何本もあるのや、出口が複雑な所は嫌なので、このスカンと一目で見渡せる駅が好き。北口と南口しかない。エレベーターもエスカレーターもない。階段を上り南口に出て、東北新幹線の下をくぐり、左に坂を下ると、二つ目の十字路の右に埼玉屋、左に新潟屋という、県名を冠した焼きとんの名店が2軒。

新潟屋にも年末の一日《いち》、田端で待ち合わせたアメリカの友人と、飲みながら戦争と平和について語り合った思い出があるが、今日は埼玉屋のほうに。おや、新しい紺の暖簾がかかっている。前はものすごく味わいのある古い暖簾がかかっていた。店内もたいへん明るくてきれい。

まずは大将が焼き

3時50分到着、すでに16人くらい客が並んでいる。4時ちょうどに店は開いた。あっという間にカウンター席はいっぱい。厨房からベロのように突き出した板場、その突先《とっさき》に幅三尺ほどの炭火の焼き台がある。その前に立つ白衣のご主人は中肉中背、えくぼがいい。上っ張りの下は派手なオレンジ色のポロシャツ。誰にでも「お客さん、初めて?」が挨拶。初めて、という客には「まずかったらいってね。金返すから」と笑わせる。私が4、5回来たよ、と答えるとうなずき、「野菜食べる?」と聞く。大根の上にクレソンがたっぷりのっているサラダだ。もちろん!

ビールはキリンの「秋味」。「アブラはベリーレアにする? レア? ベリーレアのほうがおすすめだよ。あとで後悔したって知らないよ」。あわててベリーレアを注文する。牛肉の串刺しをたれにどぼんとつけたかと思うと、さっと炙って皿に置いた。おいしーい。「生で食べられるよ」と自慢そう。「次はシロだ。うちのシロは臭くないよ。こんなのよそじゃ食べられないよ」。たしかに表面ぱりっと、なかはとろとろ。まあ、蘊蓄《うんちく》聞いておいしくないものなんてないからな。

　厨房のなかでは女性2人がレモンハイをつくる。レモンをくし形に切ったのを二つ搾り、氷結した焼酎をどぼどぼ入れる。グラスの口には塩。まるでソルティドッグだ。隣が頼んだので「私も」と叫んだら、ビールが空いたら出します、とつれない。

　それにしてもお客さんたち、楽しそう。サラリーマン2人づれ、恋人同士、親子。若者グループ。ビール会社の人、地元の信用組合らしき人、そして左隣は八王子から来た飲食店「汁べゑ」の若者たち。オヤジというか、大将というか、その塩をさらさらと振る後ろ姿を憧れて眺める。炭を足し、もうもうと煙が上がる。みんながてんでに話していてわ～んと声がこだまするが、それほど気にならない。

　この店のどこが魅力でこんなに来るんだ？

「別に。タダで教えてあげるよ」と大将が振り向いてにこっとした。次はチレ、脾《ひ》臓だがこれはガーリックバターを載せる。こりこりだ。さらにレバー。

「この色を見てよ。こんなのないよ。目が利か

焼き手が途中で社長に交代した

ないとね」

とオヤジさん。毎日、品川の東京都中央卸売市場で仕入れてくる。日曜が休みなのは市場が休みだから。たしかにとろりとした食感、臭みもないレバー。すごい。

16時に開店、20時には閉める。4時間の勝負。「でも朝は6時から仕込みをやってるよ」。煮込みもつくる。皿の上に串をのせておくと、新しく焼いたのをその上にそっと置く。味が他と混ざらないようにするのだ。

ポルコというのは豚の耳ときゅうりの冷製だが、これがオリーブオイルでちょっと洋風である。「紅の豚」かな。「頼んだ方がいいよ」と勧め上手だ。「こうやってね」とハツ、カシラ、タンなどはそのオリーブオイルの中に落とすとまた味が変化する。「唐辛子なんか掛けなくていいからね」

なんで埼玉屋なの？「親父とお袋が埼玉の鴻巣の人だから、それを進化させたのが私」と話す間にも手は動き続ける。創業は1954年、私の生まれた年だ。「あ、そうなの。僕は小学校の1年生だった」ということは、1947年生まれなんだな、大将は。

煙はもうもうと立つ。「モツ煮ください」と言ったら、若大将「モツじゃないよ」と言うから、壁を見ると「牛煮込み」となっていた。すんません。これもえらくいい肉を使っている。若大将もお客さんと上手に会話をかわす。こちらはグリーンのズボンときた。フランスパンをついでに頼む。「ちょっと暖めたげる」と大将が炭火の上にのっけてくれた。これを煮込みにつけるとおいしい。

すべてが川の流れのように、店のペースで進んでいく。埼玉屋方式。でも大将は横柄でも意地悪でもないし、なにせえくぼがかわいらしい。たしかに30人ちかい客がばらばらに頼みだしたら頭がこんがらがるだろう。お腹がいっぱいになったらそう言えばいい。

「最後にさっぱり、シャモいくか」と奥からバットを持って来させ、鶏肉をずらりと並べる。このシャモにはトマト味のサルサソースがかけられた。鶏肉はぷりぷりだ。焼きとん屋といっても牛もあれば鶏もある。「まだ何か食べたい？」と聞くのでコブクロがいいな、と言うと「やわらかいのと固いのとどっち？」と言うから両方焼いてもらって相方と分けた。うまかった。

これで一本190円。「コースで9本出ます」というので焼き物は一人2000円くらい。「9本食べれなかったらどうなるの」と聞いてみたら「いいえ、予め聞いて、食べられないという方はお断りしていますから」とにっこり。それとレモンハイ、ビール、ホッピーの値段を足す。この内容なら銀座あたりのレストランなら一人1万円は軽く超すだろう。

「金儲けるの趣味じゃないんだ。うれしそうに帰るお客さんを見るのが楽しみなの」と大将。名刺をいただいたら池袋モンパルナスにいた高名な詩人と同じじゃないの。「僕は有名じゃないよ。お客さんがうちにきて幸せになってくれればいいんだ」。ああ楽しかった、というと「楽しいって事はおいしいって事だよ」とちゃんと客の会話を聞いているのだ。今夜も主演男優賞。この人とゆったりと渡りあうには、ちったあ年季が必要だ。久しぶりに行ったら一瞬マスクをはずし、「前はえくぼと書いてくれたけど、すっかりしわに埋没しちゃったよ」と笑った。

大衆酒場斎藤（斎藤酒場）◎居酒屋

戦中、戦後を生き延び今も繁盛

北区上十条2丁目30－13

十条の商店街をそぞろ歩き、はしご酒

いい気持ちで懐かしいリベット橋を渡り、こんどは坂を上がって十条演芸場通り商店街に入ってゆく。道幅が狭く、車も入れないくらい。そこにクリーニング、電気ヤ、歯医者に目医者に喫茶店、その間に仕舞《しもた》ヤ、うすぐらい道に火がともる。

今日は運よく篠原演芸場がやっている。昭和26（1951）年開場、長く東京で唯一の小芝居であった。今日は大阪から恋川純弥劇団、場内は満員、目で射て殺す座長がお目当ての女性ばかり。

さらに歩くと埼京線十条駅。この二つの駅を商店街がほそぼそとつないでいるのが楽しい。踏切だ。中道踏切には英語、中国語、ハングルで「踏切内に立ち入らないでください」と書いてある。そして踏切中央から両側の夜景がすばらしい。なんて立ち止まっちゃいけないのだが。その向こうは十条銀座商店街。

「もう1軒いこう」と言っていたら「風来坊」という店の前に男の人が慣れない感じで呼び込みをしていた。ビールの店を始めたばかりなんですよ、と東十条出身のご主人。エーデルピルス600円、でもミュンヘンにお邪魔してからヴァイツェン好きの私は京都の「周山街道」1000円にした。たこのマリネとソーセージもおいしい。なんか、昭和40年代の雰囲気だね、と言うと「前はカラオケスナックだったんです。椅子も再利用、壁も自分で貼りました」という壁には「スティング」のポスター、まさにあれは昭和40年代の大ヒット。実にいい感じです。

そこに商店街の事務を司る榎本さん、たまたま登場。「十条は商店街がたくさんあって元気です。ことに最近、居酒屋でも若い人がこだわりでやっている店が増えてきた。質のわりに値段が安いのが特徴です」。榎本さんちも代々、十条に住む。「十条駅ができたのは明治43（1910）年、古いんです」と詳しい。「榎本滋民は父の従兄弟です」。あの『花の吉原百人斬り』の劇作家にして、テレビの落語解説でも有名な。おそれいりやした。

おそわった「キンクラ」は今日は休み。もう一つの「お功楽や」へ。おくらやと読む。なんと「飛露喜」が1合なみなみ600円、私は旨辛口「喜正」。まず、出てきたお通しが充実。アオヤギ刺やワカサギ南蛮漬など。カリカリチーズちぢみもなにもかもおいしか

肉豆腐などつまんで酎ハイで

った。庶民的なやさしいお姉さんもいた。ご主人、牛レバ刺、牛モツ煮などもおすすめのよう。（追記2020年10月閉店したようだ）

結局最終目的地、駅から1分。プチロードという名は似合わない斎藤酒場、正式名称は大衆酒場齋藤に着いたのは夜の9時を回るころ。ここも4時からやっているから、もう客は何まわりかして、ケヤキの卓もようやくすいてきた。壁には黒い漆塗りの木札に白い字でおいしそうなつまみが書いてあってそそられる。4軒目だからな。ここではにごり酒200円（※当時。22年1月は290円）をいただきましょう。あ、つまみは月見芋、しめ鯖、しらすおろしにぬか漬で充分です。

みわたすと船底の天井板、木の腰板、相撲の番付、大きな鏡には「リボンシトロン」の名前入り。散らばった無垢の木の卓の上には花も飾られている。ここはお酒は基本、清酒、にごり酒、熱燗しかない。今日のおすすめとして特別に「七賢」など銘酒の札があった。

おばちゃんといったら失礼か、年季の入った感じのお店の女性にきくと、この店はねえ、と話が始まる。昭和3（1928）年に酒屋を始め、戦時中から一杯飲ますようになり、ものの無い戦中戦後を生き延びて90年を超える。何でも安くて財布の厚くはない勤労者の味方。おばちゃんは創業者の娘さんらしいが、パーマの髪型には懐かしさを感じるものの、肌の美しさは尋常ではない。きっと毎日、米糠からうぐいすの糞でお顔を洗っていらっしゃるのでは？　厨房では今年、大学を卒業したばかりの「4代目」が修業中。「もう少し店を続けられそうよ」と、おばちゃんも嬉しそう。

それにしても商店街のjujo ginzaのスペルがいいな。これも「Jリーグがはやったころ、十条銀座を横文字にしたらしいです」と榎本さんは言っていた。八百ヤ、魚ヤ、唐揚げヤ、総菜ヤ、うなぎヤ、米ヤ、気になる店がいっぱい。みんなとても新鮮で、安かったのに今日は横目に通り過ぎて。わかった！　今度は5時から斎藤酒場で1杯飲み、6時ごろには買い物モード。刺身に漬物、唐揚げをもって帰り、なにくわぬ顔して家で夕食つくろうかな。

追記

久しぶりに来てみれば、相変わらずの繁盛ぶり、「おばちゃん」は90になって引退されたそうだ。ということはあのときは80過ぎてお店を仕切っていらしたのか。今日は肉豆腐、ポテサラで、酎ハイをいただきました。

あとがき

2008年にPHP新書で『懐かしの昭和を食べ歩く』を出した。聞き書きを天職と思っている私としては、グルメガイドではなく、お店の歴史をきちんと聞いて残したいというのが趣旨だった。ずいぶん前に絶版になり、いつか再刊したいと願っていた。さいわい、長年の友人である朝日新聞出版の岩田一平さんが「定年前に何か1冊一緒にやりたいね」といってくださり、弟分の相棒と東京珍道中が実現した。

あらためて巡り直して、閉店となっている店もあった。老舗というのは新規開店の店よりはるかに強いものだが、後継者がいない、コロナ流行に勝てなかった店もある。経営が変わったり、あまりに手広くチェーン化したり、評判が落ちた店もあり、それは外した。その代わり、私の行きなれた、記憶に残る店を新しく紹介した。山手線も新橋から渋谷までの西半分に私は土地勘がない。東京の東半分を中心に回ってみた。

すでに人々はSNSで店を探して行くようになっている。お店の情報、口コミ、料理の写真、味と採点などは載っているが、肝心の店の歴史やそこで働く人のことはあまりない。私より外食の機会が多い人は多いだろうが、僭越ではあるが、私が昔から知っている、昭和の香りのあるお店を選んだ。

前回、載せたお店には、直しを入れてもらうだけにしようかと思ったのだが、すでに十数年たっており、経営者も代が変わっている。それで全部訪ねなおし、意外に時間がかかった。浅草、鰻の「川松」の女将さんは「浅草も代替わりはしましたが、今の若い世代はイケメンで商売熱心な人が多いんですよ」といっていたが、全体にその通りである。

イケメンとは容姿ではなくて、男性でも女性でも心がけがイケてる。謙虚で、親切で、前向きな努力を惜しまない。老舗の看板に負けず、それを大事に受け継ごうとしている。こういう人が次の日本の飲食を支えていくんだ、と思うような若い世代に出会えるのはうれしかった。取材に協力して下さった皆様、ありがとうございます。本書はコロナ禍中でがんばっている飲食店への応援歌のつもり。どうぞ、体に気をつけて、いつまでもすてきなお店であり続けてください。

2022年1月　森まゆみ

この新書は、著者の書き下ろしに加え、前著『カラー版「懐かしの昭和」を食べ歩く』（PHP新書、2008年）掲載の一部のお店について再取材し所収しました。また、パンのペリカンの項は、渡辺陸らとの共著『パンのペリカンのはなし』（二見書房、2017年）の著者執筆部分を再取材し所収、埼玉屋と大衆酒場斎藤（斎藤酒場）の項は、著者執筆の月刊『東京人』（都市出版社）2011年1月号の特集「十条」を再取材し所収しました。

森　まゆみ　もり・まゆみ
1954年、東京都文京区道坂町に生まれる。84年、地域誌「谷中・根津・千駄木」を創刊。編集のかたわら、上野奏楽堂や赤煉瓦の東京駅の保存、不忍池の環境保全に関わる。98年『鷗外の坂』で芸術選奨文部大臣新人賞、2003年『「即興詩人」のイタリア』でJTB紀行文学大賞、2014年『「青鞜」の冒険』で紫式部文学賞を受賞。「谷根千〈記憶の蔵〉」を主宰。公益財団法人日本ナショナルトラスト理事。『東京老舗ごはん 大正味めぐり』『しごと放浪記 自分の仕事を見つけたい人のために』『聖子—新宿の文壇BAR「風紋」の女主人』ほか著書多数。

朝日新書
853

昭和・東京・食べある記

2022年2月28日第1刷発行

著　者　森　まゆみ

発行者　三宮博信
カバーデザイン　アンスガー・フォルマー　田嶋佳子
印刷所　凸版印刷株式会社
発行所　朝日新聞出版
〒104-8011　東京都中央区築地5-3-2
電話　03-5541-8832（編集）
　　　03-5540-7793（販売）

Published in Japan by Asahi Shimbun Publications Inc.
ISBN 978-4-02-295164-9
定価はカバーに表示してあります。